情緒的

5_個心理學技巧

清田予紀 著

只要活用本書，就能馬上成為「轉換情緒的高手」。

相信大家都有以下的經驗：因為別人的一句話振作起來、稍微活動身體後，就感覺舒暢許多。

無論是備受憤怒情緒所折磨、因不好的預感而惶惶不安，還是不小心表現出違背本心的態度……只要「1秒」，就能調整好內心。

心理學是一種以客觀角度來看待心理，研究心理與行動之間關係的學問。從現在開始，試著為了自己而活用心理學吧！

目錄

第1章

1秒讓自己重新振作

——「轉換情緒」的訣竅

第2章

1秒消除不安

——如何從「煩躁」、「驚嚇」和「焦躁」中解脫

第3章

1秒克服困境
——不必為此焦躁不安

第4章

1秒改變形象

——做點小事，就能大幅改變「看法」！

第5章

1秒融入現場

——大家都想成為「討喜的人」

第6章

1秒打開心房

——輕鬆與人相處的「心理習慣」

第1章

1秒讓自己重新振作

——「轉換情緒」的訣竅

恢復理智

↓如何控制憤怒情緒

我的缺點是個性很急，
只要下屬沒有做出我想要的結果，
就會當場大發脾氣、口出惡言。
請問有沒有控制自身情緒的方法呢？

人類具有感情，但有時卻會被怒氣沖昏了頭。我們都有心情不好的時候，甚至不自覺發怒了。

然而，若是無法控制憤怒的情緒，往往會為了一些小事而感到煩躁，或是傷害到對方，進而影響生活和工作。

近年來，路怒症的發生頻率急遽上升，正是那些無法壓抑憤怒情緒進而做出的暴行之一。

澳洲新南威爾斯大學的托馬斯・鄧森博士是位心理學家，他曾在二〇一二年發表一篇論文，內容是關於如何控制棘手的憤怒情緒。

根據博士的說法，**刻意使用非慣用手，能刺激大腦中負責自制力的區塊，進而不知不覺間學會控制憤怒的情緒**。

換言之，慣用手是右手的人要不時刻意地使用左手，慣用手是左手的人則要多多使用右手。

但不需要做到吃飯、寫字這種較高難度的動作。舉例來說，只要不時用非慣用手使用滑鼠、拿湯匙攪拌咖啡或是開關門即可。

從博士的研究可知，當受到情緒性的語言攻擊時，受試者愈是憤怒，就愈有可能產生復仇的念頭。

此外，掃描大腦後的結果也顯示，這些人的大腦中與憤怒情緒有關的部位比一般人更加活躍。

要求這些易怒的受試者於兩週內多使用非慣用手後，發現他們大腦中負責自制力的部位受到明顯的刺激，使他們的攻擊性降低。

各位或許一時之間難以相信，但其實僅憑這些細微改變，就可能使我們的大腦發生劇烈的變化。

每個人都有憤怒的時候，但就算感到生氣或煩躁，對自己也沒有任何好處。

即使在一瞬間感情用事，但只要在恢復理智後，後退一步、冷靜地解決問題，就能避免在人際關係中引起不必要的麻煩。

透過使用非慣用手，就能穩定內心。這麼簡單的方法，何不嘗試看看呢？

若你已經意識到自己脾氣急躁，卻又對此束手無策，那就從現在開始試著多多使用非慣用手吧！

消除「內心的黑暗」

↓只要擦到「光滑發亮」即可

我想要緩解壓力，
但卻沒有什麼特別的興趣，
也想不出其他的舒壓方式。
有方法可以幫助我緩解壓力嗎？

女性一般都喜歡「閃閃發亮的物品」。

有位心理學家表示，女性**喜歡寶石或燈飾等閃閃發亮的東西，是因為她們從中感受到「欣快感」，進而覺得心情非常愉悅**。

「欣快感」意即情緒暫時性地高漲，並感到強烈的謝意或是幸福感、健康感等。

近年來，女性之所以會想在身上配戴閃閃發亮的飾品，是因為她們本能地察覺到要在當今這種壓力繁重的社會中生存，這些閃閃發亮的飾品對於恢復精神有著遠比其他事物更大的功效。

反過來說，這也表示現代女性承受著相當大的壓力。可以以此作為標準，用隨身物品的亮度來推測這位女性的內心有多大的壓力。

當然，不僅女性，男性也會因為壓力而身心緊繃。因此，即使是男性，也會想要體驗能消除壓力的「欣快感」。

不過，比起閃閃發亮的物品，光滑發亮的物品更容易讓男性感受到欣快感。例如：光滑、發亮的車體、相機鏡頭等。父親偶爾會在假日專注地洗車，就是想看到洗得閃閃發亮的愛車，並沉浸在欣快感中。

這麼一來，既可以將車子清洗乾淨，又可以讓心情感到愉悅，相信應該沒有什麼比這更划算的解壓方法了。

也請女性務必試試這種解壓方法。**當覺得心情不太舒爽、內心感到鬱悶時，試著擦一擦身邊的物品**。像是：不知不覺變得黯淡無光的寶石、帶有水垢的玻璃、房間的髒窗戶、洗手臺霧濛濛的鏡子、布滿灰塵的螢幕、油膩的茶壺等等。

無論是什麼，只要是眼前布滿髒汙的東西都可以，最好選擇擦拭乾淨後會閃閃發亮的物品。擦拭的工具不限，舉凡毛巾、海綿、舊牙刷都可以。

最近，可以在市面上買到價格便宜的科技海綿。事先準備好這類工具，就能提高清潔的完成度，將物品擦拭得更加閃亮。

總而言之，經過擦拭的物品愈是光滑發亮，成就感就愈大，還能感受到鬱悶心情一掃而空，整個內心充滿欣快感。由此可知，擦拭是一件很有意義的事情。

我自己在開始嘗試這個方法後，最讓我沉迷的就是擦鍋子和茶壺。看到擦好的鍋子和茶壺閃閃發亮，會覺得自己做了一件很有價值的事情，而且，擦拭時精神會很專注，可以徹底拋開讓人感到煩惱、擔憂的事情。此外，擦拭完後，用乾淨到發亮的水壺煮出的水來泡咖啡，味道更是驚人的好。

相信實證比理論更有說服力。請各位務必試試將身邊的物品擦拭乾淨。你會感受到愉悅的成就感，以及舒適的疲勞感。如果是在晚上進行，還有助於提高睡眠品質，好讓隔天早上可以神清氣爽地出發去工作。

獲取「專注力」

↓播放「適度吵鬧」的背景音樂

在家工作的時間逐漸增加固然是件好事，但在沒有妻子、孩子的家中獨自一個人工作時，很快就會產生厭倦感，轉而開始做些沒有意義的雜事。

這時，我會前往附近的咖啡廳。不知道為什麼，只要是在咖啡廳就可以順利地完成工作，真是神奇！

如果到咖啡廳看一看，就會發現有許多人坐在裡面，用筆記型電腦、平板工作或學習。他們為什麼會選擇到咖啡廳工作呢？

詢問這些人後，他們都會異口同聲地表示：「在這種地方較能完成工作。」

真是如此嗎？

答案是——YES！從心理學的角度來說，有許多研究都表示，在咖啡廳會更有效率。

高效率的關鍵在於「適度的噪音」。在美國曾做過關於聲音與創造力的研究，結果顯示，相較於安靜的環境（50分貝），有適度噪音的環境（70分貝）更能集中精神，對於需要創造力的工作來說，這樣的環境更有助於提高工作表現。

也就是說，比起在書房或圖書館等安靜的環境，待在像咖啡廳這種會聽到清理桌面的聲音、聊天聲的環境，精神更容易專注，做事更有效率。

社會助長是弗勞德・亨利・奧爾波特於一九二〇年時所創建的心理學用語，用來表示在執行一項工作或任務時，身邊若有其他人時會有成果提升的現象。

待在咖啡廳裡工作，**因為周圍還有其他的客人，很容易就能產生社會助長的效果**。大家應該都會認為，周圍若還有其他人在勢必會讓自己分心或造成干擾，但事實並非如此，反而是有助於提高專注力。

職業體育選手也證實了同樣的說法：相比於沒有觀眾的時候，有觀眾在場時表現反而會更好。這也是社會助長的例子之一。

此外，在咖啡廳工作時，因為有時間上的限制，專注力會更加集中。只點一杯咖啡卻長時間占據位置，無論是誰都會感到不好意思，自然而然會集中精神，想辦法在一定的時間內完成工作。

在家工作時，由於感受不到時間上的限制，會不自覺地用懶散的心態來工作，或是沒辦法長時間集中精神，容易因其他事情而分散注意力。

因此，在咖啡廳工作會更有效率。

為了防止新冠肺炎的擴散，而採用遠距工作的企業急遽增加。但如果一直坐在家裡的書桌前，可能會導致工作毫無進展。

遇到這種情況時，建議拿著平板或筆記型電腦出門散散步，順便轉換一下心情。目的地可以是附近的公園、咖啡廳或是任何你想去的地方。

將孩子的吵鬧聲、客人的說話聲當作背景音樂，讓人再次產生工作的動力。

轉換「負面」情緒

↓聆聽「傳達正向意義的歌」

與生俱來的負面思考讓我感到很苦惱。同事常跟我說：「改掉『反正我這種人就是這樣』的口頭禪比較好。」但我卻遲遲無法改善。畢竟我天生就是這樣，實在無可奈何。

出乎意料地，傾向負面思考的人比想像得還要多。

在這裡我可以肯定地向各位說：「**負面並不是天生的**，只是我們養成了負面思考的習慣罷了。」

在心理學中會將「說話給自己聽」這樣的行為稱為「自我對話」。

換言之，**言語會影響行動**。愈是將負面的話掛在嘴邊，例如：反正我這種人就是這樣、我真的沒辦法、好累啊，就愈容易感到喪氣，因此就只能採取消極的行動。如此一來，就會漸漸養成習慣。

因為總是得不到預期成果，進而深陷於負面思考中。持續進行的負面自我對話，會不自覺地對自身的未來感到悲觀。反覆對自己說：「反正我這種人就是這樣」時，在大腦的可塑性作用下，這種想法就會成為自己所認定的——事實。

換言之，大腦會根據輸入的資訊建立起新的神經迴路。在不知不覺中，就會以心中的想法和說出口的話為基礎，改變了大腦的結構。

此外，將負面的自我對話說出口時，還會向周圍的人灌輸負面想法。簡而言之就是：負面思考具有傳染性。如此一來，周遭的人將會匯聚成「負面俱樂部」。與這群人在一起時，就只會互相抱怨讓氣氛愈來愈糟糕。

讀到這裡，或許有人會任為一旦神經迴路形成後，就無法再更改了，請先不要這麼快就下定論。

若想修正腦神經迴路，只要用正向的自我對話來覆蓋即可。

意即，盡量說些正向言詞，避免使用負面字眼。舉例來說，請以下述方式轉換詞語：

「反正我一定沒辦法」→**「只要嘗試就能做到」**

「我又犯錯了」→**「我還有改善的空間」**

「不管做什麼都不會成功」→**「還有很多方法可以嘗試」**

如先前所說的，言語會影響行動。只要對自己說些正向言詞就能振奮情緒，進而採取積極的行動。

如果沒辦法輕易想出正向的言詞，不妨試著模仿運動員從音樂中獲得力量。最近有許多運動選手為了放鬆心情或振奮精神，會在比賽前聽喜歡的歌曲。他們聽的歌大部分都是傳達正向訊息的歌曲。

藉由反覆聆聽、哼唱這些訊息，就會產生與正向自我對話相同的效果。請各位務必嘗試看看。

重新開啟引擎

↓NASA式「高效午睡」

我的煩惱是無法長時間維持專注力。大學裡的一堂課是90分鐘，開始上課後沒多久，我就會感到厭倦，開始滑手機或打瞌睡。有方法可以讓我長時間集中精神、專心學習嗎？

日本的大學和專業學校，一節課的時間為1個半小時，也就是90分鐘。為什麼會設為90分鐘呢？從大腦生理學的角度來說，**一般人最長只能維持90分鐘的專注力**。

這就是為什麼當電影長度在90分鐘（1個半小時）左右時，觀眾還可以集中精神觀看，但一旦是超過2個小時的長篇鉅作時，無論內容多有趣，都會在中途感到精神渙散或心不在焉。

因此，在上第一節課時大腦還算清醒，但到第二節、第三節課時，就沒辦法再繼續維持著90分鐘的專注力了。

尤其是在午餐後，腸胃為了消化食物而努力工作，導致血液都集中在腸胃（換句話說，流到大腦的血液減少了），且自律神經也逐漸由副交感神經占據主導地位。副交感神經會讓身體進入放鬆模式，使人感到困倦，專注力也會跟著下降。

所以學生當然會覺得上課無聊，進而開始滑手機或打瞌睡。

為了解決午餐後大腦功能下降的問題，IT企業最近採納了一種源自社會心理學家詹姆斯．馬斯所創製的短暫睡眠法——高效午睡，在午飯後小睡15～25分鐘。NASA（美國國家航空暨太空總署）的實驗證實了這個方法在科學上的效果。結果顯示，小睡26分鐘可以提高34％的認知能力，並提高54％的注意力。

馬修．沃克博士是美國加利福尼亞大學柏克萊分校的睡眠科學家，著有《Why We Sleep：The New Science of Sleep and Dreams》一書。其研究顯示，**入睡20分鐘左右會進入輕度睡眠，可清除腦內的工作記憶，整理情報、強化記憶**。

這就是為什麼藉由短暫睡眠，能讓頭腦清醒的原因之一。

不過，一旦睡眠超過30分鐘，便會進入深層睡眠，進而產生反效果。因為難以清醒，就算醒來也會覺得昏昏欲睡。

所以在嘗試高效午睡時，若想神清氣爽地醒來，最大的祕訣是只睡20分鐘左右。

可以說，午後感到困倦是順應自然的結果。即使繼續工作，效率和成效也只會下滑。所以**在白天進行短暫的午睡，不僅可以消除睏意，還能有效提升專注力**。

自從高效午睡成為熱門話題後，人們便開發出各種有助於在辦公室等地方睡得更舒適的產品，銷量都很不錯。

各位不妨也來體驗看看高效午睡的力量吧！

擺脫「懶散的心情」

↓「早上散步」讓你往前邁進

以前養狗時常帶狗去散步，但自從愛犬上天堂後，我變得完全沒有心情散步。根據以往的經驗我知道散步有益身體健康，也非常想要重新養成這個習慣，但卻遲遲無法開始。

有什麼方法可以促使我開始行動呢？

毫無疑問，散步對身心靈都有益。

不過，並非所有人都能養成散步的習慣，相信有許多人遲遲無法展開行動。因此，我想分享一項心理學研究，希望能幫助大家往前邁進。

美國杜克大學的研究小組在二〇〇〇年進行了一項實驗，將憂鬱症患者作為受試對象，並將患者分為以下三組：

第一組：服用抗憂鬱藥。

第二組：每週散步或做伸展運動等輕度運動3次，每次45分鐘。

第三組：兩者同步進行。

結果顯示，三組都獲得了相同程度的改善。

換句話說，**進行散步或伸展運動等輕度運動，會得到與服用抗憂鬱藥相同的效果**。不過，實驗並沒有就此結束。半年後，研究小組調查了這三組患者的復發率，結果如下：

第一組（服用抗憂鬱藥）：復發率　38％

第二組（進行散步或做伸展運動等輕度運動）：復發率　9％

第三組（兩者同步進行）：復發率　31％

可以清楚看出第二組的復發率明顯低於其他組。

大家都知道散步可以促進幸福賀爾蒙——血清素的分泌，尤其是早上散步的時候。血清素不足的人容易感到憂鬱。在分泌出血清素後，大腦會感到神清氣爽，並產生積極生活的慾望。

從這個實驗也可以得知，早上散步不僅能提高幸福感，還能長時間維持這個效果。

此外，美國匹茲堡大學心理學小組在二〇一一年的研究顯示：連續半年，每天做40分鐘的有氧運動，如：散步等，大腦中負責管理記憶的海馬迴的體積會增加2％。發表論文的艾瑞克森教授表示：「隨著年齡的增長，海馬迴勢必會萎縮。但只要保持適度運動的習慣，就有可能增加海馬迴的體積。」

一般人往往都認為，記憶力會隨著年紀的增長而下降；然而，**散步其實可以維持或提高記憶力**。

看到這裡各位覺得如何呢？是不是開始想要散步一下了呢？

找回「幹勁」

↓注意「社會破壞」

我喜歡環境乾淨，所以每天早上都會主動打掃辦公室。所長看到我在打掃後，跟我說「我會給你報酬」。但是當我真的收到報酬後，不知道為什麼總覺得自己有打掃的義務，開始不再喜歡打掃了。且報酬的金額就只等同於給小孩子的零用錢，早知道就不要接受這些錢了。

將樂愛的事情或興趣當作工作後，有許多人都沮喪地表示不再像過去一樣充滿熱情、現在只是單純為了賺錢而工作了。為什麼當作興趣、愛好時可以樂在其中的事情，成為工作後就不再令人感到快樂了呢？能把興趣當作工作明明就是件讓人再羨慕不過的事，為什麼會變成這樣呢？

不妨試著從心理學的角度來研究看看，可能是因為觸發了「社會破壞」作用。

激發出幹勁的「動機」有兩種：**外在動機**，完成後會得到獎勵、報酬，但不做就會受到懲罰；另一個是**內在動機**，也就是出於好奇心或興趣等原因主動去做。

所謂的「社會破壞」意即本來是因為內在動機而主動去做的事，在涉及到報酬等外在動機後馬上就讓人失去動力的現象。

社會破壞的英文為Social undermining。undermine有破壞基礎、逐漸削弱的意思。在打好基礎的地方給予外在刺激，基礎就會崩潰。

換言之，**因為喜歡、享受而主動去做的事情，當有金錢介入後，就會變成是為了報酬而行動，從而損失自發性**。

令人困擾的是，失去過幹勁後，就很難再對同一件事產生熱情了。

社會破壞是由心理學家愛德華．L．德西和馬克．萊珀提出，他們在一九七一年藉由實驗證明了以上的觀點。

打電玩也是一種興趣、愛好，玩的時候會沉迷其中，但在得到報酬後感覺就會變質。一旦不再是單純的娛樂、成為工作的一部分後，責任感就會變得強烈，導致無法享受遊戲本身。而且，得到報酬後，就不會再關心那些無法獲得報酬的遊戲了。

例如：喜歡柏青哥的人，對於不會獲得報酬的柏青哥就毫無興趣。不知不覺間認定了如果得不到金錢，這個行為就毫無意義。

考慮到報酬會造成這樣的效果，當孩子主動去做打掃庭院等家事時，應該先想一下是否要對孩子說「你做得很好，這是獎勵」並給予金錢。因為這麼做可能會導致孩子失去自發性，之後若是不給予金錢上的回報，孩子就不會再打掃庭院了。

值得記住的是，口頭上的稱讚反而會刺激孩子的幹勁，使他們愈來愈願意主動打掃庭院。

容易精神渙散

↓活用「好奇」的力量

比我年長的女性主管常對我說：「妳真是個MIHA女子呢！」

這句話讓我很苦惱，不知道主管到底是在稱讚我，還是在挖苦我。

根據日文字典《廣辭苑》的解釋，ＭＩＨＡ是指容易受到流行趨勢影響的人。據說是昭和初期所產生的用語，其詞源眾說紛紜，但最具可信度的說法如下：

古時候，日本女性的名字字首發音大多是ＭＩ或ＨＡ，因此縮寫衍生出ＭＩＨＡ這個詞。

時至今日，仍會有人指稱別人是ＭＩＨＡ女子（跟得上潮流的女性）。這個誕生於昭和時期的詞語，或許會一直存續下去。

那麼，各位知道Neophilia這個詞彙嗎？意思與ＭＩＨＡ相似，是指喜歡新奇的事物。人們總是渴望遇見新奇、稀有的事物，一旦獲得，就會感到無比的喜悅。可以說正因為人類具有Neophilia的特質，才會不斷進化，建立起眾多文明。

然而，人類也同時是尋求穩定的生物。滿足於一成不變，對於總是沒有變化的日子感到喜悅和感謝。

穩定非常重要。

但缺點是容易養成習慣，導致Neophilia特質沉睡、停止成長。為了持續成長我們必須經常刺激並喚醒自身內心的Neophilia。

為此需要的是什麼呢？喜歡新奇事物的人，都具有以下的共同點：

- **平時就豎起好奇的天線。**
- **不害怕繞道、繞遠路，有時還會主動出擊。**
- **身體動得比大腦還要快。**
- **會為一些細微小事而感動，並沉迷其中。**
- **對事物抱持著樂觀的態度。**

從歷史人物中尋找具備這五項特徵的人，就會發現幕末志士——坂本龍馬就屬於這類型的人。放在現代的話，蘋果公司的創始人史蒂夫．賈伯斯也是其中之一。

如果你是被稱為ＭＩＨＡ的人，那應該就是具備了這五項特徵中的幾項；只要勤加磨練，或許就能像坂本龍馬和史蒂夫．賈伯斯那樣成為推動時代的人。

現在成為YouTuber的人，大部分都是非常喜歡新奇事物且跟得上潮流，兼具ＭＩＨＡ和Neophilia特質的人。也就是說，**當ＭＩＨＡ特質達到極限後，就會成為不可小覷的力量**。

使頭腦清醒

↓如跟人説話般「大聲朗讀」

觀看日本時代劇時，常會出現武士的孩子們大聲朗讀「子曰～」的場景。

古代的孩子之所以可以記住《論語》或難懂的文章，是否跟朗讀的效果有關呢？

自古以來，人們就認為「朗讀有益於學習」。心理學和腦科學領域上，也證實了朗讀的確對學習有益。朗讀的最大優點在於可**同時進行輸入（理解）和輸出（表達）**，增加流向大腦的血液，並大幅度地活化大腦。

在閱讀文字時發出聲音，會使用到三個感覺器官：視覺、聽覺和軀體感覺（喉嚨、下巴和臉部肌肉）。

單純地默讀教科書時只會使用到視覺，可能出現眼睛看著文字，大腦卻想著其他事情的情況。但當自己的聲音從耳朵傳入大腦時，就不會出現這樣的情況。

由於要同時使用視覺和聽覺，還必須正確地發音，因此沒時間去思考其他事情，可以專注地讀書和學習。

不僅學生可以得益於此，同樣的方法也適用於大人。應該說，大人可能更需要獲得這樣的效果。因為朗讀有助於幫助大腦快速反應，可以提高老年人的記憶力、預防失智症，並改善失智症狀。

此外，朗讀還能鍛鍊舌頭和下巴的肌肉，提高溝通能力，使談話更加順暢。由此可知，朗讀對人體有益無害。

若是各位打算開始朗讀，我有一個想要推薦的技巧。那就是**像跟人說話一樣大聲朗讀**。這是加拿大蒙特利爾大學的研究人員在二〇一五年的研發方法，他們在實驗中證實**向他人大聲朗讀更容易將內容保留在記憶中**。

實驗方法是要求學生背單字，並將學生分為四組：

A組　在腦中背誦。
B組　無聲地默唸。
C組　發出聲音朗讀。
D組　向他人大聲朗讀。

之後對所有人進行測驗，結果D組（向他人大聲朗讀）獲得壓倒性的高分。第二、第三名依序是發出聲音朗讀和無聲地默唸，最後一名則是在腦中背誦。

向他人大聲朗讀能擴大大腦的活化區，記憶力也會跟著提高。就算沒有可以大聲朗讀的對象，但只要像是要跟人說話一樣大聲地朗讀，也能發揮出相同的效果。

若各位想要提高朗讀效果，建議嘗試這個方法。

忠於自己的「真心」

↓傳達「喜歡」的方法

每當朋友對我說：「我們是最好的朋友」時，我的笑容頓時就會變得僵硬。因為我內心真正的想法是——她讓人感到負擔沉重。

這樣的我算是一個內心扭曲的人嗎？

你是否曾對抱有好感的人展現出以下的態度呢？
即使對方跟自己說話，也會裝作沒注意到並無視他。
在對方面前會故意提起、並稱讚其他的異性。
聚餐時坐在對方旁邊，卻只跟其他人聊天。

像這種明明內心喜歡卻反而躲著對方的態度，在心理學上稱為「反向作用」。這是佛洛伊德所提出的心理防衛機制之一。**人為了隱藏自己的真心，會採取與真心相反的行動**。這種行為舉止，通常發生於內心處於防衛狀態時，也就是內心感到不安的時候。例如：羞於表現自己的感情，或是害怕表白心意會破壞雙方的關係。

不知道怎麼表達喜歡的心情，就只能放著這份情感，無法排解了。不習慣去愛一個人時，經常會引起反向作用，例如：面對初戀對象時。

說到這裡，相信各位應該心裡有數了吧？

不只是受到對方吸引時，在真心討厭對方或是想與對方保持距離時，也會引發這種心理現象。實際上很討厭對方，卻表現出彼此感情很好、說些恭維的話，或是過於表達尊敬之意……

不論是在職場上，還是私下與朋友相處，都會因為不善於應付對方，害怕被當事者或是周圍的人發現自己的想法而使自己陷入難堪的處境，於是便向對方表現出親切、和善的態度。像這樣對主管、朋友說些奉承話，或是採取過於尊敬的行動，都是反向作用的表現。

如同這次的案例——感情最好的朋友其實是自己最不擅長應對的人，也是反向作用所造成的結果。反向作用會在無法坦率面對自己時發生，而缺乏自信就是無法面對自己的原因之一。

若想要改掉心中的反向作用，最重要的是**察覺那些否定並壓抑內心的想法**。

為什麼不願意承認自己的真心呢？

如果可以得到這個問題的答案，並諒解這樣的自己，就會產生**即便是那樣的關係，只要能互相妥協，就不會有問題了**的想法，使自己冷靜下來。

想嘗試不同於以往的想法

↓停止「隨意地斷定」

我的煩惱與一位女性前輩有關。
她會根據血型來判斷對方的一切，
總是說「你果然是A型耶」。
到底憑什麼就這麼輕易斷定一個人呢？

相信大家都有聽過「刻板印象」這個詞彙。所謂的刻板印象是指理所當然地滲透到社會、群體中的因成見、框架所形成的看法、想法和認知等。像是：

A型的人一絲不苟、不知變通。

O型的人好勝，但很容易放棄。

B型的人我行我素、不拘小節。

AB型的人是有個性的理性主義者。

像這樣根據血型來判斷一個人的個性，也是一種刻板印象。

先不論正確與否，採用這種隱含刻板印象的思考方式也非全是壞事。大腦一整天都在高速運轉，以便應付接收到的各種資訊。若要一一檢視再依序做出判斷，對大腦來說是件很費勁的事。不僅如此，還會需要更多的時間才能做出判斷。

尤其在面對初次見面的人時，需要花費大量的時間才能判斷出對方是怎樣的人。這時，利用血型的刻板印象將「A型的人大都一絲不苟，所以要仔細說明清楚」作為判斷標準，就能省下不少精神。況且，無論是誰都有一絲不苟的一面，所以也不能說是判斷錯誤。

此外，不用再進一步深入思考，對大腦來說也比較輕鬆。換言之，採用隱含刻板印象的思考方式是非常有效率的。案例中提到的女性前輩可能是因為這樣，才會不自覺地用血型來判斷對方。

人這種生物本來就會比較偏愛自己能夠理解的對象。刻板印象思考法從某個角度來說，是讓自己「更容易理解對方」的標準。因此，**在判斷並瞭解對方後，會自然而然地感到安心**。

然而，從另一方面來看，這種思考法往往會過於簡化對象，忽略了對方所具備的特質和獨特性。人不可能透過血型瞭解對方的一切，容易因此而做出完全錯誤的判斷。世界上仍有許多粗枝大葉的A型人，或一絲不苟的B型人，案例中的當事者為此而感到不滿的原因正是基於此。

刻板印象思考法暗藏著危險性，可能在誤會對方的情況下，給予不好的評價或帶有情緒，並產生歧視和偏見。電視節目常為了迎合大眾，以刻板印象為判斷標準，大肆抨擊引起事端的名人。當話題與自己無關時，或許大家會覺得無所謂，但試想一下如果自己成為當事者，應該就會感到毛骨悚然吧！

刻板印象思考法既方便又有效率，但希望各位能記住一點：刻板印象也可能造成誤會和不幸。我們應該避免掉入刻板印象的陷阱，並培養隨時掌握本質的洞察力。

情緒年輕化

↓試著完全成為「20年前的自己」

不知道是不是因為年紀的關係，最近突然感到精神不支、體力下降。按照這個速度，我都懷疑自己能不能撐到退休了。

相信很多人都有如同案例當事者隨著年齡增長，漸漸感到精神不支、體力下降的現象。然而，有些人即使邁入中高齡，卻仍然腳步輕盈，一副精力充沛的樣子，讓人感覺不出他們的實際年齡。這兩種類型的人究竟存在什麼差異呢？

美國哈佛大學心理學教授艾倫．蘭格在自己的著作《Counterclockwise: MindfulHealth and the Power of Possibility》中闡述了造成這種差異的原因。

一九七九年的某一天，教授在報紙上刊登了一則招募通知：「想不想在鄉間小屋悠閒地生活一個禮拜，愉快地討論往事呢？」

他們從報名者中選出16位參加者，清一色都是75歲的男性。博士一開始並沒有告知參加者招募的目的，只說要集體生活一個禮拜，直到全部的人都在客廳集合後才告知任務。博士開口表示：「請各位將現在當成一九五九年來度過未來的一週。」

換言之，博士要求參加者以20年前（55歲）的心境來生活。

為了實現這樣的生活，團隊準備了當年的流行服飾，並為每位參加者準備了一張以他們20年前的照片所做成的識別證。生活空間也打造成20年前的樣子，就連家電都換成舊式電視和收音機，書架上則擺放著當年出版的書籍和雜誌。

參加者就像是搭了哆啦A夢的時光機，回到20年前的世界。在這樣的空間裡，參加者們相互回顧當年的場景，以重返55歲的感覺生活了一週。

一週後，他們究竟發生了什麼樣的變化？

大部分參加者的身體柔軟度明顯提高了，姿態得到改善，握力也大幅增加。此外，視力更是平均好轉了近10%，記憶力也提高了。也就是說，得到「**只要一心想著回到年輕時刻，肉體就會跟著變年輕**」的驚人結果。

蘭格博士對此下了一個結論：**決定身體極限的不是肉體本身，而是腦中的想法。**

如果想要永保年輕、健康，就不要為自己設限。

當我們說著已經不年輕了、已經上年紀了，或許就是在加速自己的老化。總是將這些話掛在嘴邊的人應該先停止這種行為，並深信我還沒有這麼老、人生沒有所謂的退休年齡。

相信那些依然積極、有活力地工作的中高齡長者，心裡一定也是這麼想的。

第2章

1秒消除不安

——如何從「煩躁」、「驚嚇」和「焦躁」中解脫

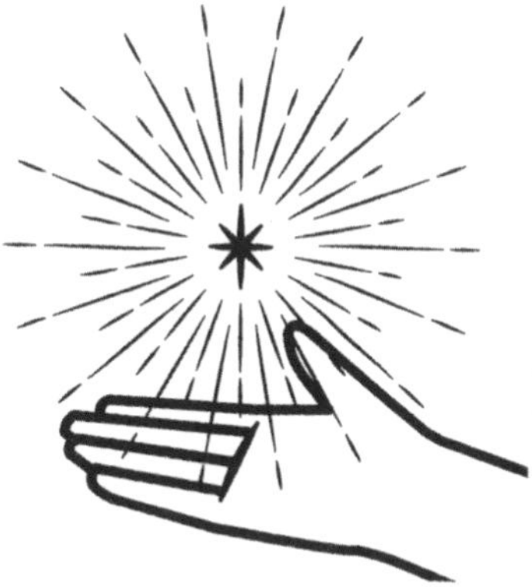

擺脫極度緊張的情緒

↓利用「咒語」、「幸運物」

我罹患嚴重的社交恐懼症，主管給我的建議是「覺得焦慮時，試著在手心寫下『人』字，然後吞下去」。我想知道，這種咒語到底有沒有效果呢？

在日本，KITKAT巧克力深受考生的喜愛。因為KITKAT的日文發音與「必勝」相似，據說只要吃了KITKAT就能獲得咒語般的效果，緩解緊張、戰勝考試。

在眾人面前演講時，於手心寫下『人』字後吞下，也是用來緩解緊張的經典咒語之一。既然說是「經典」，就代表這個咒語受到許多人的認可。很多人會有一瞬間想將命運託付給「咒語」或「幸運物」，甚至隨身攜帶的護身符以祈求帶來好運。

但真的有效果嗎？

其實，心理學上已經證實這些方法「意外地有效」！

德國科隆大學研究小組進行了一項實驗。研究小組要求參與實驗的人打迷你高爾夫，並告訴一半的受試者你擊出的是「幸運球」。結果，聽到這句話的參與者平均

10球就打進7球。另一半受試者則在沒有告知的情況下做了同樣的事，最後的結果是成功率下降到5成以下。

也就是說，**僅僅告知是幸運球，成功率就提高了20%**。

此外，在另一項實驗中，研究小組要求受試者進行撲克牌遊戲「對對碰」。結果是，持有幸運物的受試者其記憶力比沒有幸運物的高出30%。有些人可能會認為只不過是高出2～3成而已，但在緊急情況下，這樣的差異就可能對結果造成很大的影響，絕對不容小覷。

除此之外，還有一項實驗是向受試者比出「祝你好運」的手勢。結果顯示，僅憑這個小動作，就提高了該組的工作效率。產生這種正向效果的原因，正是「自我暗示」。

不過，自我暗示不僅能產生正向作用，也會引起負面作用。

一旦開始懷疑，認為這些只是安慰劑、騙小孩的把戲、根本無效，那麼效果就會下降，甚至完全消失、產生負面作用。

因此，關鍵在於必須坦率地接受咒語和幸運物的效果。**不僅要接受，還要不顧一切地相信。這種心情愈強烈，效果就愈顯著。**

不要忘了，只有相信的人才能得到救贖。

從煩惱中解脫

↓

「清洗」雙手和嘴巴

我的缺點是對做出的決定沒有信心，總是為此煩惱不已。所以常常因為遲遲無法下決定，而為周圍的人帶來困擾。

有方法可以解決這個煩惱嗎？

買衣服時，尤其是在購買價格昂貴的衣服時，我們一般都會仔細挑選，盡可能買到品質更好的商品。為了在預算金額內買到最好的商品，人們會多方研究、比較，確認商品符合所需用途、其他店家也沒有更好的選項後，才會決定購買。

然而，即使費盡心思買了最好的商品，我們還是會經常感到苦惱，覺得沒有想像中的好、搞不好能買到更便宜的，或是其他衣服更好等等。會有這樣的煩惱，或許是因為現代社會提供了太多選項所致。選項增加是件好事，但**這種自由會使現代人承受過多的壓力，陷入選項的束縛中**。

心理學家貝瑞．施瓦茨將這些「自己決定」後卻感到苦惱的人稱為「最大化者」，與之相對的是對「自己決定」的結果感到滿意的人──「容易滿足者」。

你認為自己是是「最大化者」，還是「容易滿足者」？

這兩種類型並沒有好壞之別，但一般來說，屬於「容易滿足者」的人比較不容易累積壓力。

施瓦茨博士在自己的著作《The Paradox of Choice：Why More is Less》中，以近年來的心理學研究成果為基礎，明確地指出**選項過多並不會使人感到幸福**，這個結果雖然令人意外，但又不得不點頭贊成。

不只是挑選衣服，「工作」也算是一種決定。如果每次做完決定後，都後悔地覺得真是的！早知道就選另一個、失算了，這樣只會讓神經愈來愈脆弱，明顯不利於心理健康。

閱讀到這裡，若覺得自己可能是最大化者的人也不用過於擔心，以下要介紹一個小訣竅，可以幫助你擺脫煩惱。**當你對自己的決定沒有信心，並感到煩惱或煩躁時，建議你先去洗手間，仔細將手洗乾淨**。相信煩躁的感覺會隨著肥皂的泡沫，一起流入排水孔。

或許有人會皺著眉頭想：「真的只要這樣就能消除煩惱嗎？」

其實這個方法已經經過實證，確定有效了。

根據美國密西根大學的心理學小組所做的研究顯示，**只要在做出某個決定後洗手，就能對自己的決定更有信心**。

話說回來，日本神道教中為了驅除心中的雜念、淨化心靈，會進行名為「禊」的儀式，例如：在瀑布底下沖水的「瀧行」等。即使不去瀑布修行，在進入神社、寺廟前先洗手和漱口，在淨化身心的同時，也會覺得心情煥然一新。換句話說，這種習俗不僅是單純的儀式，還會為我們的想法和意識帶來實質性的變化。

在洗手間洗手，也可以達到相同的效果。當你對自己的決定感到迷茫時，可以嘗試一下這個方法。

戰勝「不好的預感」

↓裝作「不在意」反而讓情況惡化!?

打高爾夫時，一旦有不好的預感，覺得球好像會掉進水池時，就一定會應驗。不只如此，每當覺得主管會大發雷霆時，預感也一定會成真。

真的很不可思議，但好的預感通常都不會實現。

相信很多人都曾經歷過不好的預感成為現實的心理現象。例如：

男朋友好像腳踏兩條船了。

同事好像在背後說我的壞話。

珍藏的茶杯破掉了，可能會發生不好的事情。

這些不好的預感其實源自於本身的不安。在所有的生物中，只有大腦發達的人類才擁有預測未來的能力，其根據的是一個人至今的經歷和見聞，也就是所謂的記憶。事實上，問題就出在這些「記憶」上。**相較於好事，人比較容易記住壞事。對內心造成的衝擊愈強烈，就愈容易留下印象**。因此而使記憶產生偏差（形成偏見或先入為主的觀念）。

舉例而言，如果有人問起「你認為飛機和汽車哪個更危險？」時，大多數的人都會直覺性地回答——飛機。然而，從統計數字來看，發生汽車事故的比例明顯更高。儘管飛機事故的發生頻率低，但相較於經常發生的汽車交通事故來說，其帶給人的衝擊更大所以記憶也更加深刻。

同樣地，突然想起不願回憶的過去就會感到無比地煩躁，這也是因為比起快樂的回憶，痛苦回憶所造成的衝擊更加強烈之故。所以，相較於好的預感，腦中更常浮現不好的預感。

此外，我們的內心會傾向於讓腦海中浮現的預感符合現實，這樣的現象在心理學上稱為「自我應驗預言」。當行動時想著「結果會不會變成那樣」，通常這個預言就會真的成為現實。舉例來說，覺得自己並不擅長在大眾面前說話，只要站在眾人面前就感到緊張不已，這反而容易實現「這次也沒辦法順利發表」的不好預感。

既然如此，要如何防止不好的預感實現呢？

其實，當腦中閃過不好的預感時，就是預防其應驗的最佳時機。預感是來自內心的重要信號，絕不可以隨意忽視。如果告訴自己：「不要在意、不要在意」，試圖說服自己忘記這一切，這樣不僅會錯過寶貴的時機還會促使其成真。也就是說，**不好的預感是一種通知自己要思考對策的信號**，這時應該要積極地採取行動，而不是被動地選擇遺忘。

舉例來說，有預感會議上的報告可能會出錯時，就再練習一次；覺得高爾夫球會掉到水池裡時，就稍微暫停並深呼吸一口氣，或是向一起打高爾夫的人尋求建議。這樣一來，即使最後依然失敗了也還能將錯誤歸咎在他人身上，避免造成內心太大的壓力。

請務必記住，內心出現不好的預感時，正是阻止預感成真的機會。

傾訴「壓抑在內心的想法」

↓借用「紙和筆」的力量

最近一直處於壓力過大的狀態。
我每週都會去一次健身房，但光是這樣並不足以緩解壓力。
有方法可以消除壓力嗎？

當今的社會充斥著前所未有的巨大壓力。過大的壓力會造成身心疾病，例如：頭痛、暈眩、過敏、高血壓、胃痛、腹瀉、便秘、腰痛、憂鬱症、焦慮症等。

相信每個人都希望能夠緩解壓力，避免鬱結於心。因此，本篇要介紹一個簡單的壓力消除法，推薦給「現在就想馬上擺脫壓力」的人。

方法很簡單，只要將「討厭的事情」和「痛苦的事情」等負面想法寫在紙上，然後將紙撕成碎片、扔進垃圾桶裡。這麼一來，就能大幅緩解所承受的壓力了。

什麼？就這樣？

其實，美國俄亥俄州立大學的理查・佩蒂教授，與西班牙馬德里自治大學的研究人員在共同研究後，已經於二〇一二年證實這個方法是有效的。

在這個研究中，教授要求83位學生在紙上寫出自己不喜歡的身體部位，並將學生分成兩組，一組是把紙撕碎，另一組則是讓紙張保持原樣。

結果：把紙張撕碎組對自己的評價轉為肯定，日後也較少因為不滿自己的身體而出現感到有壓力的情況。

將腦中的想法或正在思考的事情寫在紙上的行為，稱為「表達性寫作」。目前已經證實，僅憑這個動作就足以緩解壓力。因為**把紙撕碎並丟進垃圾桶裡，會使大腦產生宛如壓力消失的錯覺**。

換句話說，這個方法就是利用大腦的錯覺，來提高抗壓性。

當然，就算把紙丟進垃圾桶也無法完全消除壓力，有時還是會想起寫在紙上的內容。不過，大腦會記得扔進垃圾桶的事實，所以藉由反覆進行此一個動作，負面想法就會愈來愈少浮現在腦海中，最後依然可以達到逐漸消除壓力的目的。

研究結果顯示，可以將書寫負面想法的時間設為2～3分鐘，內容可以是一句話或是一篇文章。總之，最重要的是要在紙上直接表達出當下的情緒。

無論是寫在筆記本、記事本，還是包裝紙背面都沒問題。

這是一個簡易的減壓方法，只要有紙和筆，任何人都可以在家裡、公司或咖啡廳等任何地方輕鬆做到。

請各位就當作被騙一次，試試這個方法吧！

解決「鬱悶的心情」

↓只要不再「熬夜」

我的煩惱是唸書經常分心，沒辦法馬上集中注意力，常常忍不住滑一下手機、整理一下桌面，東摸西摸地浪費時間。

有方法可以改善這個毛病嗎？

相信許多人都有過明知道考試日期或截止日已迫在眉睫，卻反而選擇做其他事來消磨時間、遲遲無法去做該做的事的經驗。在心理學上特別為這種心理現象準備了一個專有名詞——拖延症候群（PCN）。

「拖延」意即推遲本該完成的事，但卻優先考慮無關緊要的瑣事。

還有一個意思相似的專有名詞叫做「學生症候群」，特指那些無法專心做完暑假作業的學生。正在閱讀本書的讀者中，應該有不少人有過到八月底才勉強打起精神做完暑假作業的經驗吧。說實話，就連筆者本人也曾經如此，且至今仍沒有改善。

時間管理專家麗塔・艾米特在其著作《The Procrastinator's Handbook》中表示：「一旦工作進度落後就必須多花兩倍的時間和精神，才能夠順利結束。」

儘管不是自願的，但我相信大家都切身感受過這一點。

接下來要介紹的這項研究，對於有拖延症（以各種理由拖延重要事務）的人來說可能會有興趣。

習慣拖延的人大多有失眠的困擾。

以色列的睡眠研究者伊拉娜．S．海爾斯頓博士在二〇一六年以598位受試者為對象進行研究，並表示：「有拖延症的人常在睡覺時想著本應完成、卻拖著沒做的事，導致無法入睡。」此外，比較晨型人和夜貓族後發現，**晨型人有拖延症的比例低，不太有睡眠障礙**。

夜貓族則完全相反。

不少夜貓族都缺乏自制力，難以按照計畫完成進度，這正是導致拖延的原因之一。不僅如此，夜貓族常常會很晚才開始做該做的事，並對此感到後悔，結果還是延誤了事情的完成時間。

如果你也是夜貓族的一員，常常拖拖拉拉、不做正事，還苦於失眠，或許應該認真考慮一下轉型為晨型人。

緩解「明天帶來的沉重壓力」

↓不偏向使用右腦或左腦

我一直深受「星期一症候群」所苦，只要想到明天是星期一，就覺得很憂鬱。有辦法可以轉換這種悶悶不樂的情緒嗎？

「每到星期日晚上，我就覺得很憂鬱……」

相信大部分的人都體會過這種心情。

台灣稱這種現象為「星期一症候群」，歐美則以Blue Monday來形容。由此可知，無論是東方人還是西方人，每到星期一都會感到心情憂鬱。畢竟是從可以隨心所欲來運用時間的休息模式，轉換成學習或工作模式；只要是人都會感到憂鬱，這應該是再自然不過的情緒了。

若只是感到憂鬱還好，但有人甚至會感到身體不適，像是難以起床、全身倦怠等等。為什麼會連身體都出問題呢？

這些症狀類似於「時差症候群」，也就是生理時鐘和睡覺時間產生分歧的現象。只要週末稍微睡個懶覺，就很容易出現時差症候群這種不適反應。

有個現象叫做「社會性時差」，是指人為了彌補平日的睡眠不足，常會在週末大睡特睡，導致生理時鐘故障。這就像是去國外旅行所造成的時差問題一樣。為了避免引起社會性時差，導致每到星期一早上就感到疲倦或身體不適，最好不要過度熬夜或太晚起床。

話雖如此，但還是想要自由自在地運用休息日的話，建議可以切換左、右腦的運行方式。當你想著「明天是星期一，心情好差」時，大腦會由左腦主導，導致一直過度使用左腦。

左、右腦的使用頻率愈平均，大腦在運作時就會愈舒適。一旦偏向任何一方，不僅功能會下降，還會使人陷入低迷的情緒。

當左腦占據優勢時，反過來刺激右腦就能達到平衡。而活化右腦最快的方法就是活動身體。不論是散步、慢跑，還是煮飯、彈奏樂器等活動四肢的活動，都能產生活化右腦的效果。過程中，憂鬱的心情也會得到緩解。

另一個方法是活用「蔡加尼克效應」，也就是放著已經開始的事情不做，心裡就會耿耿於懷。

利用這個效果，**星期五時故意中斷做到一半的工作或作業**，內心就會奮發向上地想著：「等到星期一上班時，第一件要做的事就是完成那項工作」，進而對星期一充滿期待。

不過，如果是將難以完成的工作留到星期一，反而會適得其反，導致愈接近星期一心情愈差。以日本將棋來說，應該要在剛好做到「再走幾步就將軍」的狀態時就中斷工作。

第3章

1秒克服困境

——不必為此焦躁不安

面對「許久未見」的人

↓避免「想不起名字」

不知道是不是上了年紀的關係，明明是經常見到的人，有時卻想不起對方的名字。有方法可以幫助我增強記憶力嗎？

許多人都認為想不起對方的名字，是因為記憶力隨著年齡衰退了。但根據近期的研究顯示，年齡和記憶力下降並沒有太大的關聯性。

事實上，正是因為**「上了年紀，記憶力就會變差」的想法，而阻礙了大腦的記憶功能**。如此深信，才會使大腦拒絕記憶。也就是說，當我們將想不起對方名字的錯歸咎於年齡時，其實忽略了造成這個結果的原因——自己不努力記住。

那要怎麼努力才能記住呢？

美國心理學家肯尼斯·西格比在二〇〇八年提出七個讓記憶留在大腦的理論。只要將這些方法銘記於心，就能獲得顯著效果。

①意義原則

為什麼會想不起對方的名字呢？因為名字本身不具有任何意義。換言之，只要賦予其意義，就能更容易地想起來。以「藤原」為例，可以賦予其「在大化革新中扮演關鍵角色的藤原」這層意義。

②組織原則

相較於零散的資訊和知識，按照規則來彙整或制定的系統更容易記住。擅長猜謎的人可以用這個方法建立一套目錄，大腦就自然而然地記住了，例如：德川將軍家十五人、日本太空人等。

③聯想原則

相較於只記住新知識，結合已知的知識會更容易記憶。政治世家形成的原因，或許就是基於此。

④觀想原則

比起文字，大腦更容易記住圖像。以「齊藤」為例，可以記住說著「我是齊藤唷」的搞笑藝人的樣子。

⑤專注原則

特別留意的對象更容易記住。建議可以連同印象深刻的事情一起記憶，例如：在會議上出了大包的○○先生。

⑥興趣原則

人會記住喜歡及感興趣的事物。如果是喜歡的人，當然會馬上記住對方的名字，不會忘記。

⑦回饋原則

只在自我介紹時聽過一次的名字，自然很難記住。如果想要記住，就要在與對方說話時多叫幾次他的名字，以便牢記在大腦中。

看完上述的西格比理論是否感覺「有講跟沒講一樣」呢？但這些方法都很容易實踐，請各位務必試試看。

與「倚老賣老」的人對話

→常常「湧出」過去的回憶

我的主管只要一有機會，
就會抱怨「以前還比較好」，
並說著要「回歸初心」。
以前就真的那麼好嗎？

以前的生活很有趣，大家都很有個性。

以前好多了！相較之下，現在真的是……

人在懷念過去時，常會隨口說出這些話。

似乎有許多人認為，從各方面來說，過去都比現在還要幸福。

然而，真的是這樣嗎？

心理學將這種現象稱作「玫瑰色回憶」。各位可能會覺得這個詞彙很陌生，但這指的是一種認知偏誤（每個人都會有的偏見），指人們會**美化過去，就像是替回憶上了一層濾鏡**。

當你回想起青春歲月時，可能也會沉浸其中，覺得以前的我真是青春洋溢呢。為什麼大腦會美化過去的記憶呢？原因有以下幾種：

◆人往往會不自覺地試圖忘記過去的不好事件和回憶，只留下美好的記憶。相較於現在好事和壞事同時發生，當然會覺得過去比較好。

◆如果拿過去的自己和現在的自己相比，過去的自己當然更年輕、更耀眼。同樣地，就會產生年輕時的時代更加輝煌的錯覺。

◆人一般都會想肯定過去所做的選擇和決定，而不願意面對曾經有過的錯誤，所以會為過去的事情賦予正面意義。

當然，當時確實也發生過很多好事，但不可能每一件事都如此美好。

過於美化過去說些「回歸初心，復興過去」之類的話，可能會因為不符合當前潮流而遭人唾棄。且若是條件不齊全，只是形式上地回歸初心，也許還會造成有百害而無一利的情況。

此外，位居高位的人在說話時，必須多加留意。在現在這個時代，如果將「以前的人才不會因為這點程度就請假！」這種話掛在嘴邊，可能會被認定為是職場霸凌。

近年來，**「修圖」已經是理所當然的事情了，過去的記憶同樣也經過「修圖」**。兩者的差異在於，對照片進行修圖是自己主動做出的行為，但將過往的記憶修圖則是在沒有察覺的情況下進行的。

和主管閒聊時，不妨帶著輕鬆的態度，分享一下修圖的概念與「玫瑰色回憶」。

掃除討厭的氣氛

↓察覺到「不是自己的錯」

因為人事異動而更換主管後，和樂融融的職場瞬間變得一片黑暗，不僅讓人感到不舒服，業績也開始往下掉。真的不知道該怎麼辦才好，甚至還萌生是不是該換工作的念頭。

職場的氛圍會根據每位工作者的異動而有所變化。

如果主管總是和藹可親、充滿包容力，職場氛圍就會明亮愉快；反之，主管若總是一副神經兮兮、緊繃焦躁的樣子，整個工作場所就會散發出戰戰兢兢、難以溝通的氛圍。畢竟**人的情緒很容易就會受到感染**。

這在心理學上稱為「情緒感染」，用來表示人的情緒很容易受到周圍的影響。當身邊的人露出開心的笑容時，自己也會感到心情愉悅；當看到朋友傷心哭泣時，自己也會感到難過。

目前已經得知，尤其是在群體中，高漲的情緒和感受會逐漸影響到周遭的人。

為什麼會出現這個現象呢？

根據研究顯示，這與大腦的「鏡像神經元」有關。人的大腦中有個叫做鏡像神經元的神經細胞，會像鏡子一樣模仿他人的行為。義大利的腦科學家在一九九六年發現該神經細胞，並得知**只要注意他人的行為舉止，大腦就會自動模仿對方的動作**。舉例來說，當看到身旁的人傷心難過時，連自己都會差點哭出來，這就是鏡像神經元所造成的結果。

情緒的感染力極度強烈，且令人困擾的是，負面情緒比快樂情緒更具感染力。負面情緒和壓力就像病毒一樣，會在不知不覺中傳染給周圍的人。即使沒有說話，主管無聲的壓力和同儕壓力也會感染整個團隊，從而助長沉重的氛圍。

成為主管後，即使顯露出自己的情緒，也不會受到任何人的指責，當然就不會有所保留。因此，往往會對下屬恣意發洩自身的情緒。對下屬來說，有這樣的主管是一件很辛苦的事。有時甚至會因為太過努力，而出現職業過勞的症狀，或是處於失神狀態。尤其是擅長「共鳴、共享」的女性，很可能會過度感受對方的情緒。

在受到他人的情緒影響後，會不自覺地認為自己必須處理對方的情緒，進而像案例中的當事者一樣，因為精神上被逼到走投無路而想要換工作。

想在這種環境下保護自己，最有效的方法是**察覺負面情緒並不是來自自己**。

情緒就像是具有強大感染力的病毒。當不幸被病毒感染而生病時，只能無奈地感嘆自己身處滿是病毒的地方，不必將責任往自己的身上攬。

同樣的道理，我們也沒必要為情緒感染所帶來的沉重心情負責。只要這麼想，應該就會輕鬆許多。

不會整理？不整理？

↓嬰兒期就已經確定了……

我很不擅長整理，主管總會對我碎唸：
「拜託你整理一下桌面！」
我也知道要整理，
但不知道為什麼一直都做不好。

一般公司會固定在年末進行大掃除，但如果可以的話，公司當然希望員工隨時都能保持乾淨。不過，有些人就像是案例的當事者一樣「不擅於整理」。相對地，也有「擅長整理」的人，他們總是將桌面整理得乾乾淨淨。這兩種類型的人之間有什麼差異呢？如果我告訴各位，成為哪種類型是取決於你**如何克服嬰幼兒期的某個時期**，你會怎麼想呢？

根據著名的佛洛伊德博士所做的研究得知，0～6歲左右的孩子會經歷三個發展階段，分別是：口腔期、肛門期和性器期。

其中，習得整理技能的關鍵是出生後18個月至3歲左右的「肛門期」。這時期的嬰幼兒所面臨的挑戰之一是「訓練自己上廁所」。嬰幼兒必須學會忍耐，到了廁所後才能脫下褲子、開始大小便。

在這個時期受過嚴格訓練並養成上廁所習慣的人，會形成一絲不苟、愛乾淨的個性，長大後也會隨時保持桌面和房間的整潔。

相反地，這個時期沒有得到良好訓練，總是順應排泄慾望的人，就會形成粗枝大葉、敷衍了事的個性，長大後也會把房間和桌面弄得亂七八糟。

一般人基本上不會記得3歲前是否有順利度過這個時期。然而，令人驚訝的是，這段時期所養成的生活習慣在長大成人後仍會產生影響。但事到如今，即使埋怨地說：「都是父母沒教好，我才會這麼不擅長整理」也無濟於事。況且也有可能是當時父母確實試圖好好地管教你，只是你耍賴抵抗，導致無法順利達成目的。

此外，不擅長整理並不完全是壞事。這類型的人無論遇到什麼事都很豁達，對金錢不敏感、付錢很慷慨，一般而言都很受大家的歡迎。另一方面，善於整理的人較為節儉，但執念深，一般而言朋友圈較狹窄。

個性是一體兩面，有好的一面也有壞的一面。

最重要的是，現在就是最好的時機。儘管只有桌子周圍也好，試著站起身來開始打掃吧！

不再介意「癢」

↓因為「既痛又舒服」

相信大家都經常遇到只要有個地方開始覺得癢，就會癢個不停的情況。

我想這一定是生理上的問題，但一直癢個不停是不是也和心理方面有關呢？

各位知道，皮膚發癢的部位會隨著季節而有所不同嗎？

有一家製藥廠曾經以20～50幾歲的女性為對象，針對秋、冬和春、夏的發癢部位進行調查，最後得知：根據季節不同，發癢的部位也會有所差異。調查結果顯示：秋、冬的發癢部位大多是小腿、手部和指尖；而春、夏則是臉部、頭皮、胸部、胸下、胸部周圍。同時還發現，許多人的背部和手臂等部位是不分季節、一整年都會發癢的部位。

為什麼發癢的部位會和季節的變化有關呢？

似乎是與濕度有關。

秋季和冬季，肌膚大多比較乾燥、粗糙；春季和夏季，肌膚則會較為濕潤，甚至還會出汗。也就是說，秋、冬是乾燥和粗糙的部位發癢，春、夏則是容易出汗的地方發癢。

相信大家都有過一旦開始抓癢，就會覺得那個地方癢到不行，只能一直抓的經驗。很難控制住「好想抓！想要大抓特抓！」的衝動。

為什麼一抓癢就停不下來呢？

這是因為抓癢會刺激大腦中的「獎賞系統」。這個部位一但受到刺激，就會**促進大腦分泌多巴胺和腦內啡等這類讓人感到幸福、喜悅的腦內荷爾蒙，使人難以停止抓癢的動作**。這就是為什麼會愈抓愈覺得「既痛又舒服」的原因了。

無法停止抓癢的現象在心理學上稱為「勞動興奮」。命名者為德國精神科醫生埃米爾．克雷佩林，意指只要開始行動，就會興奮到停不下來的心理狀態。

慶幸的是，傳達發癢感覺的神經只存在於與外界直接接觸的地方，所以「癢」的感覺只會出現在皮膚和部分黏膜上，抓不到的地方並不會感覺到「癢」，例如：內臟、大腦等。

但必須注意的是，無論感到多麼痛快，抓過頭都會造成破皮出血。

有個可以減緩搔癢感的方法：冷卻發癢處。因為冷、熱的感覺攸關性命，大腦會優先感受到冷的感覺，進而較難察覺到搔癢感。塗止癢藥時的冰涼感，正是利用了這個效應。

不屈服於食物的誘惑

↓將注意力放在「吃什麼」

至今已經減重無數次了，可以試的方法都試過了，但都沒有成功。

有沒有適合我的減重法呢？

就算決定減重，也會馬上屈服於食物的誘惑。
就算下定決心努力減重，也沒辦法超過三天。

相信不少人都有這樣的煩惱。

為什麼不能持之以恆地減重呢？大概是因為沒辦法克制口腹之慾吧！既然如此，有沒有解決方法呢？心理學家丹尼爾．韋格納博士曾研究過解決的方法。博士於一九八五年，以美國三一大學的學生為對象，進行了以下的實驗：將受試者分為A、B、C三組，讓他們分別進入不同的房間，並讓他們觀賞追蹤北極熊一天的影片。影片播完後，博士巡視各個房間，並提出以下指示：

◆A組受試者——記住北極熊。
◆B組受試者——可以想著北極熊，也可以不想。
◆C組受試者——絕對不可以想著北極熊。

過段時間後，再向各小組詢問關於北極熊的問題。結果，記得最清楚的是被要求「絕對不可以想著北極熊」的C組學生。

換言之，就是**愈是努力不去想，印象反而愈深刻**。所得到的結果相當諷刺。

博士將這種心理現象命名為「矛盾處理理論」。愈是想要保守這個祕密，就愈容易說溜嘴；愈是小心番茄醬，就愈有可能沾到襯衫上，這些都是基於同樣的心理現象所造成的。

博士針對矛盾處理理論所提出的解決辦法是「放棄不去想」。也就是說，**接受腦海中沒辦法控制的想法**，不要做無謂的抵抗並試著將注意力放在能夠做到的事上。

對正在減重的人來說，與其禁止自己吃高熱量的食物，還不如將注意力放在可以吃什麼食物上；這樣減重的成功率反而會更高，請各位務必試試看。

第4章

1秒改變形象

——做點小事，就能大幅改變「看法」！

傳達「真誠感」

↓就算有智慧型手機也要使用手錶

不知道是不是因為不守時，又喜歡附和他人，以至於常常有人對我說：「感覺你不怎麼真誠。」有沒有方法可以改變這種個性呢？

說到時間，最近不戴手錶的人越來越多了，最主要的原因是智慧型手機的普及。智慧型手機因具備了手錶的功能，所以有愈來愈多的人認為沒必要非得戴著手錶。

一家大型手錶製造商的調查結果顯示，尤其是年輕一代的人，不戴手錶的比例明顯更高了。理由不僅僅是因為智慧型手機的普及，還有一個原因是花在電子終端設備上的金錢增加了，可以用來購買手錶的錢變少了。

然而，戴手錶不僅可以知道當下的時間，還有其他意料之外的優點。根據英國一項已經證實的研究得知：**配戴手錶更容易形成既「真誠」又「守時」的人格**。該研究是透過以下三項調查得出結果的。

在第一次的調查中，研究小組先針對112位受試者進行詳細的性向測驗，接著詢問他們：「平時有戴手錶嗎？」結果顯示：平時有戴手錶的人，在性向測驗中「真誠感」的分數比沒戴手錶的人高。

在第二次的調查中，研究小組在網路上募集問券填寫者，請638位居住在英國和北美的居民進行相同的性向測驗，並請他們詳細回答是否有手機，以及工作型態為何。結果再次證實，平時有戴手錶的人在「真誠感」的分數比沒有戴手錶的人高。

在第三次的調查中，研究小組則要求90位受試者在指定的時間、地點集合。最後發現，戴手錶的人比沒戴的人更守時，甚至在預定時間之前就已經抵達。

從調查結果可以看出：戴手錶的人「既真誠又守時」。

有趣的是，目前已經得知**即使是不戴手錶的人，只要養成戴手錶的習慣，也能提高性向測驗中的「真誠感」和「守時」這兩項的分數**。換句話說，這次的案例當事者如果是平常不戴手錶的人，就有機會透過養成戴手錶的習慣培養出「既真誠又守時」的人格。

凡事都要試試看，更何況需要做的只是養成戴手錶的習慣而已，不妨現在就開始執行吧！

不要成為「無聊的人」

↓利用「失敗效果」提升魅力

我的煩惱是，儘管我可以無懈可擊地完成任何事情，但卻缺乏個人魅力。身邊的人在聽到我的煩惱後，都說：「能夠順利做好每件事就應該知足了。」難道這是個奢侈的煩惱嗎？

即便可以順利處理好每件事，卻還是覺得自己「缺乏魅力」，這可能是因為你經常覺得自己不夠完美。對於這類型的人，我想介紹一個名為「出醜效應」的心理學專有名詞。**相較於做什麼事都很順利的人，大家更容易對「有點美中不足」的人產生共鳴**。這種共鳴會提升一個人的好感度和吸引力。也就是說，失敗反而會獲得他人的喜愛。

美國加利福尼亞大學的心理學家艾略特．亞隆森於一九六六年與其同事透過實驗證實了這點。實驗內容是讓受試者聽兩卷錄音帶。錄音帶的內容都是請一位學生回答常識性的問題後，講述自己至今的經歷。參與錄音的學生都是擁有一流學歷的優等生，可以輕輕鬆鬆就解決困難的題目，答對率達九成以上。

不過，有一卷錄音帶在最後加了一點內容，錄下學生打翻杯子、毀了新做好的西裝的聲音。聽完錄音帶後，實驗者詢問受試者對哪位學生較有好感。

兩卷錄音帶的差異只在於是否有打翻咖啡。

結果不出所料，大多數的受試者都選擇了不小心打翻咖啡、毀了自己西裝的人。

比起完美的人，偶爾犯點失誤的人更容易得到共鳴。即使是處在「答題機器」——東大生中，偶爾出現失誤的人仍然更受歡迎。這就是受「出醜效應」所影響的結果。

不過，實驗同時發現，要產生共鳴也是有條件的。如果錄音帶裡的學生其答題的正確率只有三成，學歷也不起眼，那麼就算打翻咖啡也只會讓好感度直線下降而已。換言之，要發揮「出醜效應」的作用，學生還是必須有能力。畢竟，重要的是言行上的差距。

由此可以看出，這案例的當事者對自己的言行很有自信，建議可以偶爾犯點錯誤，或是說點冷笑話。如此一來，就能幫助你提高個人魅力了。

成為「掌握時間」的人

↓只要改變「眼前的事物」

我的煩惱是不善於利用時間。
沒辦法妥善規劃時間，導致常常加班，
每天都苦於無法好好管理時間。

現今社會中，典型的「高效率工作人」是指按時完成工作、從不加班，時間一到就準時下班回家的人。過去都覺得在公司裡加班到七晚八晚，才代表有在認真工作，但現代人已經不這麼認為了。事實上，有很多人即使一直埋頭工作最終卻還是難以完成，只能一邊嘆氣一邊加班。

要如何成為就算面對堆積如山的工作，依然可以準時下班的人呢？

有各種方法可以幫助各位有效利用時間，例如：先制定好計畫，不要沒頭沒腦地開始。或是，確定工作的優先順序。又或是，先確立目標，再制定日程。

方法很多，但無論是哪一種，執行過程都相當繁瑣。

因此，這次我想教各位的是不用特別規劃，就能成為高效率工作人的方法。這個方法就是**將身邊的鐘錶從數位式改成類比式**。

在日本便利商店的牆上幾乎都會掛著時鐘，而且是用長針和短針標示時間的類比式時鐘。為什麼要選擇類比式而不是數位式的鐘錶呢？因為類比式鐘錶比數位式更能準確地掌握經過多久時間、還剩下多少時間。

主要原因在於，類比式鐘錶的指針會將面盤分割成如圓餅圖的樣子。因此只要看一眼，就能憑直覺感知到已經過了多久的時間、還剩多少時間。另一方面，數位鐘錶單純只是顯示目前的時間，優點是可以一眼掌握，但缺點卻是很難從感覺上掌握到最重要的**時間量**。

日本便利商店的牆壁上之所以掛著類比時鐘，是為了讓忙於上架的店員能夠一目瞭然地掌握經過的時間，以便更有效率地工作。

換句話說，**只要將類比時鐘掛在牆上，自然而然就會熟悉時間流逝的感覺**。這也是為什麼許多便利商店、學校及知名企業都會採用類比時鐘的原因。

此外，心理學的實驗還顯示，類比鐘錶比數位鐘錶更能帶來緊張感。

類比鐘錶能讓人直覺性地知道剩餘時間，所以會產生出「再過○分鐘就得完成這份工作」的緊張感，使人的行動和態度更加積極有幹勁。

如果你是個不善於規劃時間的人，建議可以放個類比時鐘在顯眼處。如此一來，就能幫你更有效率地利用時間了。

不要顯露「意志薄弱的自己」

↓利用「管他的效應」

我的缺點是對任何事情都只有三分種熱度，
無論是減重還是學習新事物，都很容易半途而廢。
要怎麼做才能堅持下去呢？

心理學中有一個獨特的專有名詞，叫做「管他的效應」。命名者是美國多倫多大學的心理學家兼瘦身研究者珍妮特・波利維博士與彼得・赫曼博士。

這兩位博士為了確認一項效果，召集了一群正在減重的人，並將這些人分成A、B、C三組，分別要求他們完成以下任務：

A組……什麼都不吃。

B組……少吃高熱量的點心。

C組……吃高熱量的點心吃到飽。

待任務完成，稍作休息後，再將所有人帶到一間已經準備好豐盛料理的房間，並在一旁觀察每一組的組員吃了多少食物。

各位覺得哪一組吃的最多呢？答案是，應該早就吃飽的C組。

沒錯，在博士的指示下，他們將自己還在減重的事情拋諸腦後，大肆吃了一堆甜食。因此他們產生了自暴自棄的想法，認為「我已經打破禁令了，不管了！」因而不停地將食物放入嘴裡。

這正是「管他的效應」發揮出的效果。

相反地，什麼都沒吃的A組，即使面對豐盛的料理，也幾乎沒有動口。因為在還沒停止減重的情況下，無論肚子有多餓，依然可以發揮出自制力。

兩位博士還做了其他實驗來驗證「管他的效應」。受試者一樣是正在減重的人。博士召集這些人量體重，卻事先在體重計上動了手腳，導致每個人量出的體重都比實際的體重多出3公斤。想當然，受試者在站上體重計後都會驚訝不已，進而陷入沮喪的情緒中。會有這種反應並不意外，畢竟都努力減重了，結果體重竟然不減反增。現場還準備了一些輕食，用來感謝受試者協助測量體重。相信大家已經知道，受試者在看到這些食物，會採取什麼行動了吧？

戒菸、戒酒的人之所以常常沒幾天就破戒了，也是因為「管他的效應」，只要稍微遇到挫折就選擇放棄。但這種行為只會讓自己陷入自我厭惡的循環中。**若想要重拾自信，就要捨棄「不是一百分就是零分」的想法**。明明堅持了三天，卻在第四天受挫時，就要換個角度重新想成「那就重新開始吧！」並在第五天重新開始。

「每天都要持續不懈」的想法會讓事情變得很辛苦，所以要想著「從今天開始」，努力堅持三天。

這就是避免最終走向三分鐘熱度的第一步。

避免讓人覺得「好使喚」

↓管理臉部表情

好像很多人都會覺得我很好欺負，總是使喚我做事，而且事後完全沒有要道謝的意思。愈來愈覺得上班很痛苦。

「為什麼我很容易被人欺負？」

「為什麼那個人只對我這麼厚臉皮？」

意外地，許多人在職場和生活中都有過這樣的煩惱。

遭到欺負的人通常都有個共通點，那就是太過善良了。「善待他人」在人際關係中非常重要。和周圍的人建立好關係，不僅能在遇到困難時互相幫助，還能消除心中的不安。不過，善良可能招來惡果。如果強烈地想著「必須善待他人」，而過於將他人放在第一位、不善待自己，那很可能會導致周圍的人用惡劣的態度對待你。

最常見的情況是，在忙得不可開交時，同事卻拜託你幫忙完成他的工作。光是自己的工作就足以讓人焦頭爛額了，但太過善良的人卻仍然會下意識地答應對方，進而掉入加班收拾殘局的陷阱裡。

「一致性原則」對老實的人來說尤其有效。只要答應過一次別人的要求，就會產生作用。由於想要讓自己的言行、態度和信念有一致性，往往會答應第二次、第三次的請求。當次數一多，周圍的人就會認為「這個人即使很勉強，還是會幫忙做完，真好使喚！」進而看不起對方。

一般而言，拜託方應該對提供幫助的人抱持著感恩的心，不過一旦產生出輕視的想法，就會覺得接受幫助是理所當然的，感謝之意也就跟著煙消雲散了。從而出現的悲慘情況是，就算加班幫忙同事完成工作，但當自己遇到困難時，周圍的人根本不願意伸出援手。

美國加利福尼亞大學洛杉磯分校的心理學家艾伯特・麥拉賓在一九七一年提出「麥拉賓法則」的概念，用來檢驗「人們在傳達情感和心情時，是根據哪些資訊來決定彼此的印象」。

溝通具有言語、聽覺、視覺三種要素。這三種要素的影響力由高至低分別為視覺55%、聽覺38%、言語7%。也就是說，帶給他人的第一印象中，最重要的是視覺情報（臉部表情），其次是聽覺情報（聲音）。

太過善良而經常遭到輕視的人，可能是因為習慣性地壓抑自己的想法，大多都不會將喜怒哀樂表現在臉上，導致難以將尤其重要的視覺情報傳達給周遭的人。因此，他人在請求幫助時，很難分辨出這個人到底有沒有意願。此外，其中有許多人講話總是很小聲，這點也很不利於溝通。

如果不想再遭到輕視，就要好好地看著對方的眼睛，確實擺出YES或NO的表情，而且要用清晰的音量表示：「不好意思，我現在沒空。」

只要養成這些習慣，他人自然不會輕視你。

「我才不是長這樣」

↓為什麼「不上相」

每次※換發駕照時，我都很不滿意駕照上的大頭照。

不知道為什麼，每次拍起來都很難看，

而且還要用滿五年才能換，讓人覺得很懊惱。

※日本的駕照需要定期換發。

很多人看到自己的駕照時，都會因為照片拍得不好而感到失落。而且因為日本的駕照五年才換發一次，等於要跟這張照片相處五年，因此會感到格外地懊惱。

不過，也許只有本人才會覺得駕照上的大頭照不好看。

心理學家已經透過實驗證實：**認為照片拍得不好是眼睛的錯覺，極有可能是心理作用**。以下是由美國芝加哥大學和維吉尼亞大學的研究人員於二〇〇八年所進行的實驗。研究人員替參與實驗的學生拍攝照片，並用影像處理軟體分別製成A、B、C三種照片。

A　未經修圖的照片。

B　美化約20%的照片。

C　稍微難看的照片。

接著將三張照片放在本人面前，詢問：「你覺得哪張沒有修圖過？」結果，多數人都選擇了B「美化約20％的照片」，而不是A「未經修圖的照片」。

也就是說，**人們普遍認知中的自己，都比原本的自己「更好看一點」**。

有趣的是，當對象是他人時，大部分的受試者都能正確回答，指著A「未經修圖的照片」來表示「這是他本人的照片」。由此可知，人類總是嚴以律人、寬以待己。這種對自己寬容，對他人嚴格（或公正）的人類特質，稱為「自我提升」。

換言之，每個人在不同程度上，多少都會對自己的外表感到自滿，產生些許的偏差，覺得自己稍微好看一點。相同的偏差也會出現在經常開車的人身上。對駕駛有信心的人，在遭遇事故時幾乎都會嘆氣地表示：「沒想到我也會遇到這種事。」

在發生事故時，選擇什麼都不做，直接「肇事逃逸」的人，也是因為平時總是抱持著「自己不會撞到別人」的想法，內心才會出現劇烈的反差。

就如上述的實驗結果所示，很可能只有本人才會覺得「照片拍得不好」。如果老老實實地接受這個事實，努力磨練自己，使自己好看20%左右。或許在面對理想中的自己與照片之間的差距時，能夠減少些許的煩惱。

擺脫「差一點的感覺」

↓畢馬龍型？格蘭型？

我現在有能力培養年輕人，
但我每天都在煩惱
要如何激發他們的幹勁。

希臘神話中有一則故事，訴說賽普勒斯國王畢馬龍愛上了自己雕刻的女性雕像。國王如同愛上人類般墜入愛河，但無論多麼深愛，雕像依然只是雕像。畢馬龍對雕像一往情深，導致他的身體一天比一天衰弱。看到這樣的畢馬龍，愛神基於同情，終於回應他的願望，賦予雕像生命。

於是，雕像就如同國王所期待的，變成了一位人類女性……

心理學中的專有名詞「畢馬龍效應」就是根據此一神話命名的。「畢馬龍效應」用來表示不想辜負他人期望的心理。以前主要用在幼兒教育上，最近則開始用在企業人才的培育方面。

就像畢馬龍想讓雕像變成人類一樣，要將下屬培養成符合自身期望的人，重點在於在對方寄予厚望。**人一旦感受到對方的期待後，就會自然地產生不想要辜負期待的心情，因而提高了表現。**

相信許多人都曾經因為感受到對方的期待，而突然覺得充滿幹勁吧？

相反地，如果感受不到自己備受期待，甚至被當成是無能的人，就會失去動力。這在心理學上稱為「格蘭效應」。格蘭是猶太傳說中無自我意識的「泥土怪」，若是不小心唸錯咒語就會變回一堆泥土。

所以，你是屬於哪種類型呢？是畢馬龍還是格蘭？

相較於優點，大家往往會將注意力放在他人的缺點上。不經意對下屬說：「那傢伙不行！這個人真沒用！能力不怎麼樣嘛～」來表達他的不滿和批評，實際上這樣的溝通方式可能讓下屬真的成為「能力不怎麼樣」的人。

希望產生畢馬龍效應就得**拋棄內心對他人的負面想法**，確認對方的成長可能性。只要抱持著正面印象，認為他一定可以成為那樣的人，內心就能深信這點。

重點在於要對下屬說些飽含期待的話，例如：「這個工作交給你，我很放心」，而不是說些「要更有幹勁」這種打氣的話。也就是說，主管要做的是相信下屬的可能性，而不是鼓舞人心。

此外，還有一件事情請務必記住；稱讚下屬時，與其對他說：「你做得很好」，具體將他的優點說出來效果反而更好，例如：你在○○方面做得很好。

一口氣展現存在感

↓「口號」策略

我的煩惱是，同事和主管總是說我「沒什麼個性」、「存在感薄弱」。有什麼方法可以增加自身的存在感？

首先，我要介紹一個在短時間提高存在感的實際例子。各位還記得《一屍到底》這部日本電影成為熱門話題的事情嗎？起初只有兩間電影院上映，所以這部電影曾經非常沒有存在感。然而，最後這部電影卻在350間電影院上映，吸引超過210萬的觀影人次，令眾人大吃一驚。

促成這個結果的起因，是上傳到社群網路的評價。

這部電影的製作預算很低，但內容超級有趣！根本超乎想像，請一定要去看！或是一開始看會感到困惑，但之後會發現驚嚇和笑點不斷，最後以感動收尾……等。這類評價不斷被轉發，隨著好口碑逐漸擴散，就連平時不去電影院的人都受到吸引。

此外，促成這部電影在日本廣受討論的另一個因素是：日文**片名的簡稱朗朗上口**；在作品的存在感漸增時，給人留下強烈的印象。

事實上，這就是「關鍵語彙」的效果。

關鍵語彙的英文是Sound-Bite，直譯是「用聲音咬住」。簡言之，就是會縈繞在耳邊、揮之不去的詞彙，感覺像是被咬一樣，給人留下深刻的印象。就像木村拓哉（Kimura Takuya）被稱為ＫＩＭＵＴＡＫＵ、小島琉璃子（Kojima Ruriko）被稱為ＫＯＪＩＲＵＲＩ那樣，兩人都在演藝圈發光發熱，最後成為家喻戶曉的大明星。

也就是說，藉由省略名稱來產生「關鍵語彙」的效果，以加強給人的印象。而且無論是誰，都能做到這點。舉例來說，就算名叫田中一郎（Tanaka Ichiro）這種常見的名字，一旦簡稱為ＴＡＮＡＩＣＨＩ，就會搖身一變成為令人印象深刻的名字。如此一來，周圍的人更會把你的名字掛在嘴邊；每次被人呼喚時都會提升你的存在感，各位何不試試看呢？

不過，若想提高「關鍵語彙」的效果，語彙還必須要「順口」。即使費盡心思地想出一個簡稱，但如果過於拗口就很難定型。不管怎麼省略都無法創造出順口的名字時該怎麼辦呢？遇到這種情況時，就試著創造專屬於你的「口號」（經典台詞）吧。美國前總統歐巴馬的Yes We Can！就是如此。歐巴馬前總統只是在演講的最後喊出這句口號，就讓民眾為之瘋狂。隨著這句話的出現，歐巴馬前總統的存在感也愈來愈強，最終成功當選美國總統，這也是「關鍵語彙」帶來的力量。

1秒就能說出口的話語，就很能發揮顯著效果。

這類經典台詞不但能引起周遭人士的注意、留下強烈印象，還能用於提案或是與顧客對話，像是：Miracle、這就是我的女子力……等等。

事不宜遲，趕快創造出「咬住耳朵」（給人留下深刻印象）的口號吧！如此一來，一定能使自己變得與眾不同，提高自身的存在感。

增加信賴感

↓學習「脅迫式發表」

常常有人對我說：「你如果更有說服力就好了。」其實我深知自己缺乏說服力，但到底要怎麼增加說服力呢？

已故的蘋果公司創始人史蒂夫・賈伯斯是位很有名的演講者，能將自家公司的產品介紹得很有吸引力。根據卡邁恩・嘉洛的著作《Presentation Secrets of Steve Jobs》所述，賈伯斯在對觀眾演講時會先斷言「今天要講三件事」，因此被稱為「三個法則」。

為什麼要濃縮到三點呢？其中包含了大腦生理學、心理學和統計學方面的原因。首先，**大腦的短期記憶通常只能保存3～4項訊息**。換言之，說得再多也沒有意義，聽眾只會覺得疲憊，甚至原本記住的訊息也會變得模糊不清了。此外，從心理層面來說，數字具有「不可撼動」和「客觀」的印象。所以點出數字會讓聽眾比較容易接收到資訊。

也許正是因為如此，在成語和諺語中經常可以看得到「三」這個數字，例如：事不過三、三個臭皮匠，勝過一個諸葛亮、貨比三家不吃虧，路走三遭不陌生等等。

此外，「三」是個很剛好的數字。只有一個的話，不足以採信；兩個的話，當意見相左時，會無從判斷，不知道要相信哪一個才好；若是三個，就會營造出第三者視角，不僅容易判斷也比較容易讓人接受。

將要說的話統整成三個重點，還可以給人留下有邏輯又聰明的印象，讓發言更具說服力。從統計學來看，兩個證據比一個更有說服力，三個證據又比兩個更有說服力。然而，當手握四個以上的證據，說服力反而會逐漸降低。

換言之，「證據並不是愈多愈好」，**只要三個便足矣**。

賈伯斯的「三個法則」正是基於這些原因。

在工作上，說服力尤為重要。

在職場上和同事交談時，能否將意見傳達給對方取決於是否具備說服力。作為一名社會人，相信任誰都想掌握能讓人贊同的說話技能。各位何不試著仿效賈伯斯的

「三個法則」，將「我有三個理由」作為關鍵語彙呢？當然，這三個理由必須事先想好、整理好。

許多人或許會苦惱於該選擇哪三個理由，但只要對自己的產品有信心，且想要讓顧客瞭解其優秀之處，列舉出三個理由應該不難。例如：我推薦的原因有三個。首先是設計，其次是顏色，再來是這項產品非常符合您的需求。

如何？湊齊三個理由並不難吧！

重點不在於是否真的有三個理由，而是要整理成三個理由。請務必在職場上試試「三個法則」。

留下好印象

↓利用「肢體語言」

40歲是人生的轉捩點，
需要負擔的責任也愈來愈多。
我明年就要40歲了，
需要做好什麼心理準備？

四十而不惑。

超過40歲後，就要對自己的長相負責。

前者出自《論語》，後者則是美國第十六任總統林肯說過的話。

常言40歲是人生的轉捩點，但其實只要在這之前累積到足夠的人生經驗，就會打造出自己的品格，這點也會顯露在長相上。**無論長相美醜，有些人就是讓人自然地覺得「長得真好看」，這是因為個人修養流露在臉上之故**。

美國德克薩斯大學的一個研究機構利用7500位商務人士的照片進行一項研究。結果顯示，光靠照片就讓人留下良好印象的人，其工作能力必定相當出色，年薪也很高。

這表示，給人好印象的人，不僅討人喜歡，也很可能是職場贏家。

第一印象的好、壞，在心理學上也是個重要的關鍵，稱為「初始效應」，意即第一次見面所留下的印象會影響到未來。一開始就留下「感覺很好」的印象，之後就算工作有點失誤，對方也會願意出手幫忙，還不會因此而覺得你不太OK。

既然如此，要怎麼做才能在對方心中留下好印象呢？

重點在**於言語和表情要保持一致**。如果言語和表情不一致，對方很容易就會感受到不協調感，或是覺得你不值得信任。經實驗證實，只要產生過一次不信任感，人就會選擇相信表情而不是語言。這其實是很可怕的事情。像是賣家嘴上雖然說著：「慢慢看」，但卻露出有點煩躁的表情或動作，客人可能會敏銳地察覺到，並表示「下次再來」後便頭也不回地離開了。

肢體語言專家表示：**在觀察人的表情和行為時，要注意身體各部位的細微動作或變化**，像是眼角、嘴角、耳朵、手腕、腳跟等，這些地方會表達出一個人的想法和真心。舉例來說，將商品遞給客人時，如果覺得客人很重要，就會用雙手來交付。這就是手腕的動作。真心想要招待客人時，嘴角就會自然上揚。此外，眼角會傳達出認真的態度；耳朵則能看出是否有認真傾聽客人的意見；腳跟則會表達出真摯的態度。

請仔細觀察，你的肢體語言是否有留給對方好印象呢？

抬高一邊眉毛

↓提高「溝通能力」

終於要開始找工作了，
但在陌生的地方或陌生人面前
我都會很緊張，很怕面試不順利。
面試時的第一印象是關鍵，
請問有建議的應對方法嗎？

「每10人中只有1個。」各位認為這個統計數據指的是什麼？

其實，這個數據是用來表示日本人中能夠「揚起單邊眉毛」的比例。請各位照著鏡子試試看，如果你能只揚起一邊眉毛，那就代表你是那十分之一，是日本人中的珍貴存在。**西方人基本上都能做到揚起單邊眉毛，但對日本人來說，這是很難做到的事情**。這可能也是西方人總是認為「日本人缺乏臉部表情」的原因之一。

就像長期住院的人，腿會變細一樣；當肌肉缺少活動，就會迅速退化。同樣的道理也適用於臉部肌肉。或許是因為日本人生活在島國，都是用心領神會的方式來溝通的，長時間缺乏鍛鍊臉部肌肉的機會，而這樣的生活習慣就反映在統計數據中。然而，處於全球化時代的我們不能總依賴他人的心領神會，況且，從心理學的角度來看，表情也是很重要的一部分。

正如成語「眉目傳情」所說的，當我們在發送、接收訊息時，不僅會使用到語言還會用臉部表情或動作等言語以外的方式，這類型的方式統稱為「非語言溝通」，這非常重要。

雷・伯懷斯特爾博士以非語言溝通研究聞名。博士指稱，在溝通的過程中，兩人透過語言所傳達的訊息只占35％，剩下的65％都是透過表情、動作等非語言來傳達的。從這個結果可得知，**表情愈是豐富，就愈能進行良好的溝通**。

新進的空服員和新人偶像在訓練期間必定會上「微笑課」，這正是公司認為完美的笑容會對顧客和粉絲發揮極大的作用。笑容是決定第一印象的重要因素。如之前所說的，這在心理學上稱為「初始效應」。想要提高「初始效應」，比起會話能力，更應該培養「微笑的能力」。

你對自己的微笑能力有信心嗎？如果沒有，那就從現在開始訓練吧！

最近書店陳列著許多教人怎麼微笑的書籍，據說還有公司正在開發智慧型手機用的訓練ＡＰＰ。

想到就要馬上行動！事不宜遲，現在就開始訓練吧！

提高關注度

↓

「擺動幅度」愈大愈容易留下印象

在朋友的婚禮上，
我將作為新郎的友人代表致詞。
要說什麼才能炒熱氣氛，
讓新郎、新娘滿意呢？

很開心受邀參加婚禮，但對方拜託我上台致詞，感覺壓力很大。該說什麼比較好呢？

應該不少人都有這樣的煩惱。這次的案例當事人必須代表朋友致詞，所以不能採用老套、古板的打招呼方式，但光是稱讚新郎又顯得了無新意。遇到這種情況，建議可以活用心理學的「得失理論」。

「得失理論」是指從負面印象到正面印象的變化程度愈大，給予對方的衝擊就愈強烈的心理效果。

相信各位在看電視劇時，當看到平時沒什麼用、有時還不太可靠的角色**突然在關鍵時刻發揮意料之外的能力時，會因為這種差距而感到吃驚，並對這個角色留下深刻印象**。我們就是要把這種效果用在致詞上。

不過，必須注意的是：如果順序搞錯了，聽眾的印象可能會出現一百八十度的轉變。舉例來說，請比較下面兩句話選出會給你留下好印象的選項。

A：第一次見到新郎時，我覺得他是個陰沉的；但相處過後，發現他其實非常開朗，真讓人嚇了一跳。

B：在和新郎相處後，我才發現他是一個超級開朗的人，但第一次見面時，我覺得他很陰沉。

A是使用得益效果的句子。先介紹負面的部分，再介紹正向的一面，以此強調正面的印象。相反地，B是使用損失效果的句子。一開始先介紹正向部分，接著介紹負面的一面，強調了負面的印象。

顯而易見，A的說法才會給人留下良好的印象。

由此可知，運用得失理論時，重點在於**要從降低對方評價的話題開始**，再引入提高評價的話題。如此一來，就能進一步提高對方的評價。必須注意的是，降低對方的評價時，不可以使用責備對方的話題。選擇搞笑的一面，有助於為現場帶來笑聲。例如，一開始先說：

「他小學時總是遲到，每次都被叫去走廊罰站。」

接著再說：

「其實他家是開豆腐店的。每天早上要幫忙父母做生意，所以才會天天遲到。」

想必各位很容易就能想像現場氣氛會有什麼樣的變化吧？

像這樣活用得失理論，就能將單純的稱讚轉變成給人留下強烈印象的致詞。請務必參考這個方法試試看。

第5章

1秒融入現場

——大家都想成為「討喜的人」

馬上與人打成一片

↓使用大量「相同詞彙」

我從小就不善長與人打交道。
對我來說，與他人融洽相處是件很辛苦的事。
有方法可以改善這種情況嗎？

有些人總是處於怕生的狀態，無法與人相處融洽。這類人的共同點是表情僵硬。因為表情上流露著不安和警戒，彷彿在對他人說：「不要靠近我」，使得周遭的人也不會對你敞開心房。

若想和每個人都打成一片，就不要表現出警戒的表情和態度。**盡量面帶微笑地與人互動**。德國大文豪歌德就曾說過：「人類最大的罪過是不高興。」僵硬的表情往往會讓周圍的人覺得你正在不高興。露出笑容就像是在發送訊號，告訴他人「我接受你」，如此一來便可以化解對方的警戒心。

如果可以做到微笑，就代表通過第一階段，可以進入第二階段了。

下一步是**找到與對方的共同點**。在對方身上找到共同點的瞬間，就能立刻感到安心。例如：遇到與自己有著同樣姓氏的人，你會有什麼感覺呢？是否會感到莫名的親切，不由自主地揚起嘴角呢？如果是罕見的姓氏，可能還會想要問問對方來自哪裡。在心理學中，有一個專有名詞叫做「姓名字母效應」。說的就是在面對名字與自己相同或相似的人時，往往會不自覺地產生好感。每個人對名字都有著特殊的想法和感情。因此，不經意地對他人的名字寫法或發音做出反應，都會讓人產生好感。

不僅是名字，在發現彼此的出生地、母校、血型或星座是相同時，也會出現這種效果。因此，談論這些話題、找出雙方的共同點，是與他人打成一片的捷徑。

如果成功做到這點，就能進入第三階段。

第三階段是**在對話中盡可能找機會叫對方的名字**，也就是將對方的名字放入對話中。人會在無意之間對叫著自己名字的人產生親近感，這也是一種心理學技巧。從事業務相關工作的人請務必記住這個方法，也推薦給想要傳達好感給對方的人。

不要害羞，放開心胸地叫出對方的名字。只要這樣，對方就會逐漸對你敞開心扉，請務必嘗試看看。

化解「尷尬氣氛」

↓應對時利用「宣洩效果」

我既憧憬又嫉妒那些「能言善道、滔滔不絕」的人。

唉~我為什麼沒有那樣的天賦呢……

當聽到「善於溝通」的人時，你的腦中會浮現怎樣的人呢？如果想到的是一個說話技巧很好，能跟任何人打成一片的人的話，那你可能需要改變一下這樣的想法了。我之所以這麼說，是因為溝通能力很好的人並非都是很會說話的人。

他們的共同點不是能言善道，而是**善於傾聽**。

無論是在工作上還是在戀愛方面，好的傾聽者都會讓人覺得是「可以開心聊天的對象」。他們不僅討人喜歡、值得信賴，往往還很受歡迎。也就是說，**善於傾聽的人才是善於溝通的人**。

我們之所以會覺得和善於傾聽的人說話很開心是有原因的。因為說話者會產生「宣洩效果」。說得愈多，心情就愈好。

宣洩效果的英文為Cathartic Effect，Cathartic在希臘語中是「淨化」的意思，所以這個效果也稱為「淨化作用」。宣洩效果是指**透過語言等方式發洩平時無法表達的想法，從而減輕內心的痛苦**。好的傾聽者會鼓勵對方傾訴想法，所以會讓人愈說愈覺得輕鬆。

此外，任何人都有想要受到尊重的慾望，此即心理學中的「尊重需求」。善於傾聽的人也可以滿足這項需求，因此能提高好感度。由此可知，只會單方面說個不停的人是無法滿足別人的需求；作為說話對象時，只會讓人愈加厭煩。這可能就是話多的人不受歡迎的原因。

話說如此，僅憑「傾聽」是無法成為「良好的傾聽者」的。一般認為，能留下好印象的對話，說話時間的比例大約是對方7成、自己3成。如果只是漫不經心地聽人說話，反而會讓人懷疑這個人不知道有沒有認真在聽我說話。

「附和」和「點頭」可以消除這些不安，讓對方安心地享受聊天的過程。同樣是附和，當對方是女性時，要回答表示共鳴的內容，例如：就是說啊！我也覺得！等等，效果會更顯著。男性的話，回答能夠滿足對方自尊心的話即可，像是：我都沒想到～好強喔～

此外，**看準時機提出問題也很重要**。提問很簡單，只要一副好奇地接著說：「所以之後怎麼了？」或是「那時候你做了什麼？」對方就會開心地再次打開話匣子，並帶出更多的話題。過程中，只要認真地傾聽並附和、點頭回應就好，好感度也會隨之直線上升。

因此，沉默寡言並非缺點。

打破二人間「看不見的牆」

↓「不經意」模仿對方的舉止

我從事與服飾相關的工作，
總是苦於不知道該如何與客人交談。
或許是我的說話方式不對，
常常會有客人露出困擾的表情。
有方法可以幫助我順利地與客人對話嗎？

對剛剛從事業務和銷售工作的人來說，初次與客人說話是的確是項艱巨任務。即使打起精神、微笑詢問：「您在找什麼嗎？」客人也會像是逃跑一樣轉身離開。要如何解決這個問題呢？

本篇將介紹大家一個小技巧。

面對與自己相似的人，人很容易就會產生好感或是親近感。此外，愈是喜歡對方，在動作、語氣、喜歡的食物及打扮上，也會愈發相似。只要仔細觀察雙胞胎明星，就能理解這種「愈親近愈相似」的現象。從動作到口吻，兩人會變得一模一樣，甚至會同時說出一樣的話。以外人的眼光來看，就會認為他們真的很合得來、感情真好。

心理學將這種言行同步的現象稱為「共時性」。**人與人的心愈是親密，行為就愈容易與對方同步**。

應該很多人都有過類似的經驗：和朋友一起吃飯時，同時拿起同一罐調味料，忍不住露出不好意思的笑容。發生這種巧合時，不知為什麼總會認為自己與對方很合得來，也會覺得彼此很親近。

可以將這種心理現象用於接待客人。

舉例來說，當客人手抵著下巴、站在商品前思考是否合適時，你可以試著不經意地走到客人旁邊，同樣將手抵著下巴、做出思考的樣子。這個技巧叫做**鏡像效應**，就像是照鏡子一樣做出相同的動作。對方若是歪頭，你也可以歪頭，訣竅就在於要不經意地模仿。

這時，如果與客人眼神交會那該怎麼辦？

絕對不可以說：「您在找什麼嗎？」。無論是誰，當陌生人用疑問的語氣搭話時，都會讓人想要逃跑。因此，與客人視線交會時，首先先露出一個完美的微笑。接著試著說：「其實我自己也在猶豫要不要買一個，看起來真的很不錯呢～」

由於女性是種追求「共鳴」的生物，客人一定會覺得你很親切，並回報以微笑。

這個理論不僅適用於銷售，也有助於消除人與人之間的無形高牆。請各位務必試試看。

與「陌生人」順利相處

↓糖果牽起緣分

有一位來我們公司推銷的中年女性，
身上總是帶著糖果或巧克力，
每次都會拿一個給我。
這個行為真的有用嗎？

答案是——確實有用。

在日本要說到以糖果作為交流工具的代表，大家應該都會想到「關西阿姨」。大概沒有人比她們更會利用糖果了。有趣的是，她們在稱呼糖果時會說「小糖果」。為什麼要將糖果擬人化呢？

出於好奇，我調查了一下後發現，在日本的關西地區有尊稱食物的習慣。**這種說法似乎是從御所（天皇居所）傳開的，為宮女們的慣用語。**

不同於糧食過剩的現代，古時候的食物是非常珍貴的，如同神明賜予的禮物，因此人們會以尊稱食物的方式來表示敬意。一開始時糖果也會被冠上尊稱，但隨著攜帶糖果的人愈來愈多、糖果成為生活的一部分後，就改為「小糖果」這般親切的稱呼了。

其實在心理學上早已證實糖果的確具有能打開陌生人心房的神奇功能，有助於雙方順利溝通。進行這項實驗的是心理學家尚恩．艾科爾博士。實驗對象是經驗豐富的醫生。艾科爾博士將醫生分為A、B、C三組，並告知他們的任務是根據虛構的症狀和病例，來診斷病名並模擬治療。

不過，艾科爾博士事先在不同的房間與這三組人員面談。面談方式如下：

A組……單純和醫生打招呼。

B組……將醫療的相關報導交給醫生，並讓他們閱讀。

C組……發糖果給醫生。

只有接觸方式這點差異，結果卻大不相同。事前拿到糖果的C組完成模擬治療的速度竟然是其他組的兩倍。之所以出現如此大的差距，是因為隨手送的小禮物——糖果，讓C組醫生敞開心扉、感到心情愉悅，更有「協助實驗」的意願。

或許還有其他送禮的選項，但考慮到**隨意性和攜帶的方便性，以及不會造成送禮與收禮雙方的負擔等**，糖果可以說是最強的溝通工具。

不必刻意去做

↓碰觸對方「想要得到認可的地方」

有些人很擅長稱讚別人，
我卻相反，很不擅於稱讚他人。
有訣竅可以讓我自然地稱讚別人嗎？

「稱讚」比「斥責」更有效。在日本歷史上有位名叫山本五十六的海軍司令官親自驗證了這句話。相信很多人都聽過山本五十六的名言：「做給他看、說給他聽，讓他嘗試、給予讚美，人們就會行動。」

由此可知，山本五十六深知「稱讚」下屬有多重要。

然而，意外地，仍有許多人苦笑地表示：「即便如此，我還是不擅長稱讚他人。」日本人往往會將「稱讚」視為「奉承」，並下意識地敬而遠之。正因為如此，有些人本身就不習慣稱讚，苦於不知道該怎麼稱讚他人。如果你也有相同的煩惱，請務必將注意力放在剛剛那句名言的後續：

溝通、聆聽，並表示認同後，再將任務交付給對方，人才會成長。

這裡的「認同」在心理學上是非常重要的關鍵。因為人們總是希望可以得到周圍的認同，也就是認可。只要自己的存在得到認同，就會為此高興不已，這就是所謂的人類。

例如：哎唷！你剪頭髮了耶、原來你是雲林人喔？

光是聽到他人對自己這麼說，就能感受到他對自己的關心，並感到心情愉悅。如果對方是前輩、主管或是長輩的話，感覺會更好。

建議不擅長稱讚他人的人，可以先從認可對方的存在及行為開始，並將注意到的事情說出來。例如：你幫我做完這個了呀、你手腳真快！

接著繼續說：

真是幫大忙了！不愧是你耶！

如此就能完美地讚美對方了。

此外，**傳達第三者的認同也能達到顯著的效果**。請試著跟對方說：「〇〇稱讚你了唷！」我向你保證，對方一定會露出笑容。

人在受到稱讚時，內心會自然地產生自信，心理學上稱為「自我效能」。這會使人突然湧出幹勁，更積極地處理工作，進而形成良好的循環。

最重要的是，必須關注對方的一舉一動，才能給予稱讚。

做好「遠距工作」

↓「不漏掉」重要訊息的方法

上級要求我考慮遠距工作的可能性，並委任我為負責人，因此我正在研究遠距工作的優缺點。

但是，遠距工作有好有壞……我覺得很煩惱。

遠距工作的英文是telework，由tele＝遠距離，work＝工作，組合而成；意即不受時間和場所限制、可以靈活調整的工作方式。眾所周知，由於工作方式的革新，以及造成全球性感染的新冠肺炎所帶來的影響，遠距工作迅速成為大眾關注的焦點。然而，對於尚未實施過遠距工作的企業來說，不少負責人都有現在才採用這個做法不知道有沒有效、總覺得實施上有困難等的擔心。

日本筑波大學在二〇二〇年根據遠距工作的優缺點進行調查，以下就由我來向各位介紹一下調查的內容和結果。

調查對象是在電信業、服務業和製造業等17家公司工作的員工，這些公司都有遠距工作的制度。關於公司採用遠距工作的滿意度，覺得非常滿意（20％）、滿意（32％）、整體還算滿意（28％），約占全部的八成。對員工來說，遠距工作大幅減少了通勤時間，所以這是可以理解的結果。

該調查還詢問這些員工，在公司採用遠距工作後，出現哪些職場和工作上的變化。以優點來說，回答「符合」及「有點符合」的選項有：增加使用電子郵件以外的溝通工具，提高了工作效率（60%）、整體而言，減少了許多無謂的瑣事（50%）等。

以缺點來說，不少人切身感受到溝通上的困難，包括：感覺不到職場氣氛（73%）、除了工作以外，很少有其他資訊的交流（72%）、很難與新人或新認識的人建立關係（69%）等。此外，對於遠距工作不滿的選項中：很難瞭解對方的表情和心情、難以進行日常的交流和閒聊，排名也相當前面。

在辦公室工作的時候，往往會不經意地聽到同事們的閒聊內容，或是看看同事在做什麼。這其實是能從中獲取到一些會影響工作且不容錯過的資訊。

人們會下意識地對資訊進行取捨，分辨這個情報是否與自己有關，這種心理現象稱為「雞尾酒會效應」。但在實施遠距工作時，這種效果變得難以發揮，所以很難在無意中獲得資訊。

該調查還進一步瞭解實施遠距工作的企業該如何處理這些缺點。解決方法如下：

- **開會前，與會人員先共享會議資料。**
- **開會前，先確定會議主題和要討論的問題。**
- **預留提問和詢問的時間。**
- **刻意在會議中加入閒聊、關懷等與會議無關的話題。**

總之，在採行遠距工作時，關鍵就在於事前的作業以及表達出體貼與關懷。

不要露出「身上的刺」

↓社會由「互惠規範」組成

我和妻子吵架的時候，
妻子對我說：「你說的話很傷人。」
但從我的角度來看，
妻子的話更傷人……

近年來，愈來愈多的日本小學會在道德課上教授「令人愉悅的話」和「令人受傷的話」。聽到對方這麼說，內心就會感到溫暖、開心，這就是「令人愉悅的話」，例如：謝謝、對不起、好棒、真可愛、好喜歡、真開心、辛苦了等等。當正在努力或覺得疲憊時，聽到這些話，不僅會深受鼓勵還會感到放鬆、充滿勇氣，甚至還會提高自我的肯定感。就算只是自言自語，也能發揮打起精神的效果。

與此相反，聽了會感到難過、傷心，就是「令人受傷的話」，像是：笨蛋、去死、好噁心、很煩、你連這種事都不知道嗎？我才不要跟你玩、滾一邊去等等。不僅如此，有些話一不小心就會傷害到對方，也算是「令人受傷的話」，例如：我不是說了嗎？為什麼都做不好？我早就說過不行了吧？等等。

只要一句「令人愉悅的話」就能帶給聽者莫大的勇氣；反之，無意間脫口而出「令人受傷的話」，有時甚至會為對方的心靈帶來無法彌補的傷害。

日本人認為語言具有靈力，並稱之為「言靈」，可見語言的力量比我們想像的還要強大。

此外，措辭會表現一個人的個性。**從措辭可以看出一個人對他人的重視和關心程度**。這點對成年人來說也是如此。

案例的當事者表示，親近的配偶對自己說：「你說的話很傷人」，由此推測其說出口的應該都是些「令人受傷的話」。例如：啥？妳說這什麼話？、妳什麼都不懂、跟妳說話真是浪費時間、妳最好適可而止、吵死了！閉嘴！等等。

以這種方式進行交流，必定會引起「互惠規範」。

就像是以牙還牙一樣，當自己說出傷害別人的話時，對方也會回以令人受傷的話，導致紛爭永遠無法停止。

日常生活中，「令人受傷的話」可能不僅限於吵架時說出，有些人甚至會將這些話當成口頭禪。案例的當事者或許就是平常不小心就把「令人受傷的話」掛在嘴邊的人。為了建立良好的人際關係，說話時應該要時時刻刻考慮到對方的感受。

這個道理也適用於夫妻關係上。夫妻必須長久相伴，更應該注意這個問題。

第6章

1秒打開心房

——輕鬆與人相處的「心理習慣」

展現自卑感

↓當作「笑話」，心情會更輕鬆

我深切地感受到自己就像是一團自卑感。可能因為身材矮胖、長相不好看，我很不擅長與人相處，是名從出生起就沒有談過戀愛的可悲男性。

一想到還會繼續這麼活下去，心裡就充滿了空虛感。

無論是誰，都會有「自卑感」。有人因為外表等肉體上的因素而感到自卑；有人則因個性等內在的因素感到自卑。覺得自己不如他人的情感和想法，就是所謂的自卑感。一般人都會不自覺地想要隱藏不想被他人發現的部分，然而，愈是試圖隱藏，就愈難擺脫自卑感，從而變得畏畏縮縮。如果對這樣的自己感到厭倦，可以參考以下的解決方法。

這個方法就是心理學中的「自我揭露」，一種將自己極其私人的情報如實傳達給對方的行為。也就是說，**公開自己的自卑感**。但這並不表示**必須將一切全盤托出**，可以先以周圍的人隱約有感受到的部分，或是外貌上的自卑感來試試看。

以本案例來說，個子矮是造成當事者感到自卑的原因之一，那就試著自我揭露這一點。畢竟不管怎麼遮掩、不管穿多高的鞋子，都是眾所周知的事實。可以對其他如此人說：「我的身高是161公分，但這是早上才能量到的數字，畢竟剛睡醒的身高最高嘛！晚上量的話就很難說囉～」

簡單來說，就是把它當作一個笑話。這麼一來，聽到的人就會心想：「能將這件事當成笑話，他應該不會太在意自己的身高吧？」

不僅如此，個人風評也會跟著提高。

幾乎所有人都有自卑感。無論是誰都會因為某件事情而感到苦惱，或是覺得有某個部分不如他人。因此，能夠勇敢說出來的人，反而會被認為是既大器又值得尊敬的人。

將自卑感轉變成一種個人魅力後，自然就會吸引許多人聚集在身邊。

在搞笑藝人當中，不乏反過來利用自卑感而走紅的人。他們之所以受到大家的喜愛，就是**利用自我揭露，將負面的自我評價轉成正面評價**。

試著從某個自卑點開始自我揭露吧！

讓對方覺得「合得來」

↓對方笑，自己也跟著笑

店長說：「要複述客人點的訂單。」
但是明明已經輸入機器了，
為什麼還要白費力氣呢？
複述有什麼意義嗎？

答案是——的確有意義。

這點已經透過實驗證實了，進行實驗的是荷蘭奈梅亨大學的心理學家里克・范・巴倫與其研究團隊。這項實驗由一家小餐廳的服務生協助完成，博士請服務生替客人點完餐後，分別給予以下兩種回覆。

A：（接下訂單）好的，沒問題。

B：重新跟您確認一下餐點。一份沙拉、一份漢堡，還有一份麵包和一杯餐後再上的咖啡對吧？好的，沒問題。

結果：僅僅只是**複述客人的訂單，顧客給予的小費就比A多了70％**。也就是說，光是這樣就能提升客人對服務生的好感度。這也是之前所介紹的「鏡像效應」所造成的結果。

人本來就會對與自己相似的人事物，產生好感或親近感的。

請各位回想一下自己的學生時代。在眾多同學中，會一見如故、不知不覺就成為好朋友的人，是不是都和自己有相近的想法或興趣呢？

當一個人散發出的氛圍和言行與自己相似時，會不自覺地認為他是同伴、感覺很合得來。不需要花時間來拆除內心的高牆，很快就能與對方融洽相處。

採用「鏡像效應」是更積極的方式。模仿的行為就像是在表示「我對你有好感」。所以，被模仿的人不僅不會覺得不舒服，還會因此而對眼前的人產生好感。「複述」這個行為就是在模仿對方，所以客人才會願意多給小費。

複述不只是為了確認訂單內容，還是為了讓客人覺得「這個人很值得信賴」。重點在於要**不經意地模仿**。想要他人對自己有好感時，務必要非刻意地模仿對方。當對方微笑時，自己也跟著微笑；對方往前傾說話時，自己也跟著往前傾。

只要這麼做，對方就會覺得「彼此很合得來」，對話也就能順利地進行下去了。

如果各位經常需要接觸他人，請一定要養成這樣的習慣。

以「瞬間印象」來推測本性

↓注意「穿著打扮」

我想用交友APP來尋找結婚對象。
除了外貌和經歷外，
有其他方法可以瞭解對方嗎？

現在有很多人會用交友APP來認識異性。交友APP是讓想要邂逅戀愛或結婚對象的男、女，都有機會相互交流的網路服務。近年來，因為遠距工作愈來愈普及，人與人之間的接觸機會銳減，導致利用交友APP來尋找戀人或結婚對象的人比想像中的多。

一般來說，只要設定詳細的偏好條件，例如：年齡、居住地、身高、職業等基本資料，以及個人興趣、是否有抽菸或喝酒習慣、結婚意願等等，就有可能找到接近理想類型的人。然而，這些條件只不過是對方展現自己得體一面的「表面」訊息而已，相信大家會想要更進一步地瞭解真正的對方。

有一項研究證實了這個需求是可以被實現的。美國堪薩斯大學心理系教授歐米・吉拉斯在二〇一二年發表了一項獨特的研究成果，表示一個人的資訊有90%可以從鞋子解讀出來。

不只是大概的年齡、性別、收入，就連個性都可以藉由鞋子來判斷。令人驚喜的是只要一張鞋子的照片就能看透一切，不必經過任何培訓。

實驗一開始先請63位學生看208位穿著不同鞋子的學生特寫照，之後再進行問卷調查，瞭解這63位學生對穿鞋子的人有什麼樣的想法。問卷的內容是透過觀察鞋子，來推測所有者的社會地位、外向還是內向等等。最後再將這些答案與208位鞋子所有者所做的性向測驗進行比對。

結果顯示，學生幾乎可以從鞋子分析、推測並猜出所有人的特徵。

由此可知，從鞋子就能判斷出一個人的性格特徵，例如：穿昂貴鞋子的人，大多擁有高所得，且有自戀傾向、鞋子華麗多彩的人，個性外向、善解人意、鞋子整潔、款式常見的人，比較愛操心。相信大家都能在一定程度上看出上述結果。

然而，我認為這項實驗有一個非常值得關注的地方——**長期穿相同鞋子的人，很有誠信**。

「有誠信」代表擁有良好的自制能力，不會情緒化、不講理，也不會背叛另一半。也就是說，他們無論作為戀愛對象或是同事，都很值得信賴。

如果你正在使用交友ＡＰＰ，尋找能夠建立長期穩定關係的對象，不妨參考一下這項關鍵訊息。

發表這項研究的歐米・吉拉斯教授也表示：「鞋子不但是實用的生活物品，也是象徵所有者訊息的非語言訊息。建議可以更加留意對方的鞋子。」

不要受困於「執著」

↓反過來利用「宜家效應」

我不小心摔壞丈夫做的馬克杯，整個把手都掉下來了。我已經向他道歉，並買了一個更好看的杯子給他，但他只是將原本摔壞的手把黏回去，繼續用自己做的杯子，看都不看一眼新杯子。這個人也太頑固了吧！

俗話說：「清官難斷家務事」，夫婦之間爭吵是常有的事，而且大部分都可以馬上解決，不需要他人出面調解。即便如此，我也能理解這位提出煩惱的當事人內心有多焦急。如果行為經濟學家丹．艾瑞利聽到這個煩惱，可能會如此回答：

「我明白您對此感到煩躁的心情，但**人這種生物對於自己所創造的事物有著一種特殊的執著**。我們將這種心理稱為**宜家效應**，我認為您先生的內心應該是產生了這種心理作用……」

「宜家效應」是丹．艾瑞利、邁克爾．諾頓和丹尼爾．莫瓊三位專家在二〇一一年發表的論文中出現的專有名詞，是種「對自己創造的事物評價過高，覺得對他人來說也具有極高價值」的心理效應。

「宜家」取自瑞典知名家具生產商ＩＫＥＡ。ＩＫＥＡ以價格低廉聞名，為了降低成本，公司放棄販售成品，改以組裝的形式來銷售家具。

三位專家利用IKEA的家具，做了以下的實驗。

他們將受試者分成兩組，分別給予不同的任務。其中一個小組負責組裝家具，另一個小組只需要檢查組裝好的家具即可。完成上述工作後，再請受試者為家具決定價格。

結果：自行組裝組所訂出的價格比負責檢查組高出了63%。

相較於一開始就已經完成的家具，人通常會覺得自己參與組裝的家具更有價值。

這種心理會在各方面產生作用。

- **儘管自己做的甜點看起來不如市售產品，但仍會覺得非常美味。**
- **特別喜愛自己做的陶藝作品或塑膠模型等等。**
- **親手扶養長大的孩子無論品行多糟，在自己眼中都是可愛的孩子。**

本案例中的丈夫可能就是受到這種心理作用的影響，才會無視妻子特地買回來的馬克杯，反而繼續使用自己製作的杯子。

若想要和好，建議兩個人一起去陶藝教室，重新製作一個新的馬克杯。如此一來，兩位都會得到一個無比珍貴的夢幻逸品。

讓對方打開「緊閉的內心」

→營造不自覺說出祕密的氣氛

我的下屬是位男性，
屬於不會輕易打開心房的類型。
他最近看起來很煩惱，
有方法可以使他敞開心扉嗎？

住在都市裡，應該很少有機會生火，但如果是在露營場那就另當別論了。各位有參加過營火晚會嗎？有的話，應該有過以下的經驗：眾人看著熊熊燃燒的火光；此時，有人開始說起自己的故事。周圍的人聽完後紛紛說：「啊！我也曾這樣！」、「我也是～」，於是大家愈談愈深入，甚至說起平時都絕口不提的內心話和祕密。

事實上，**在營火晚會這種氛圍下，人會不自覺地想向他人展示自己的內心**。心理學上稱為「黑暗效應」。

黑暗帶來的不安感和隱密性，會促使這個效果發揮作用。黑暗效應會縮短人與人之間的心理距離，讓彼此萌生出一體感、打破內心的隔閡，讓人在不知不覺間把藏在心中的祕密說出來。

美國心理學家肯尼斯・格根在一九七三年進行實驗，證實了此一現象。

為了調查人與人之間的親密程度會在黑暗中產生什麼樣的變化，博士先將互不認識的男女分成兩組，一組安排在光線明亮的房間裡，一組則待在光線昏暗的房間裡。以監視器觀察後發現，在明亮房間裡的人，可能是第一次見面的緣故，從頭到尾都只聊一些無關緊要的話題。

然而，在昏暗房間裡的人卻有著完全相反的結果。在昏暗房間裡的男女，感情不知不覺間增溫了，交流也很頻繁，甚至有人還搭著彼此的肩膀。

由此可知，**昏暗的場所具有敞開心扉的力量**。

對於想拉近與對方的距離、打開對方心房的人來說，就像是本案例的當事者，黑暗效應的力量應該能帶來很大的幫助。

如果你的下屬或朋友似乎在煩惱什麼事情，卻因為內心的隔閡而閉口不談，建議可以帶他們去**燈光昏暗，但能夠令人安心的地方**。一旦「黑暗效應」發揮效果，很有機會可以撬開他們緊閉的嘴。此外，由你先採取行動，坦白說出事情原委，效果會更好。

傳聞美國紐約在歷經大停電事件後的9～10個月，出生率大幅上升。考慮到「黑暗效應」的效果，這個傳聞未必是空穴來風！

引導「自立」

↓透過「自己選擇」獲得滿足感

我的煩惱跟養育孩子有關。

跟丈夫離婚後，我獨自扶養一個十歲孩子。工作時，會把孩子送去學校或補習班；但回到家後，就會不自覺地對孩子過度保護。這麼一來，我很擔心無法培養出孩子的自主性。

我的養育方式真的沒問題嗎？

現今這個時代，不僅是大人的社會，連孩子的社會都發生了巨大的變化。孩子們所處的環境每天都會出現各式各樣的新奇事物。在這樣的環境中養育孩子，並不是件容易的事。就如同這次的當事人，相信應該有許多人都苦於不知如何對待孩子。

針對這類型的煩惱，有一本書提供了解決對策。這本書的書名是《The Self-Driven Child》，為美國臨床神經心理學家威廉・史帝羅與教育研究所代表奈德・強森所撰寫的，內容以兩人各自的見解為基礎，講述何謂「養育孩子的心態」。

其主張可以簡單地概括成一句話：「父母應該培養的是孩子的『控制感』，以便他們能夠掌握未來人生所需要的判斷力。」

「控制感」意即「透過自己的判斷來控制與決定事物」的慾望。當這種慾望無法得到滿足時，人就會感到有壓力。一旦反覆出現這種情況，就會受到無力感、煩躁感或不安感的折磨。

相反地，擁有「可以自己改變現況」的控制感後，抗壓性便會提高，從而輕易就能獲得幸福感。也就是說，**擁有控制感有助於培養出一個人的綜合能力，進而使他們能以自己的想法來過生活**。

然而，有許多父母常會做出相反的行為，強迫孩子寫作業、不讓孩子去危險的地方，或是根據自己的喜好替孩子挑選衣服等。這些行為都會為孩子帶來無力感，讓小孩出現「自己是沒用的孩子，什麼事情都無法自行判斷」的感受。

心理學上有個專有名詞叫「行為的主體性」，意即當人覺得掌握了自己的命運後，就會獲得幸福感和滿足感。這個道理也適用於孩子身上。換句話說，讓孩子在做事情時擁有主體性是非常重要的。

在上述介紹的書當中，以「怎麼讓嚴重偏食的孩子吃飯」為例，建議可以將盤子中的菜分成兩部分，讓孩子自己選擇要吃哪一邊。光是做到這一點，孩子的內心就會產生出「自己選擇」的滿足感。

換言之，**感覺到可以由自己來控制事情後，大腦就能更好地應對壓力**。

不斷滿足這些微小的控制感，有助於促進孩子的自立和成長。如果你感覺「自己對孩子可能過度保護」，不妨參考一下這個方法。

使用「心理萬靈丹」

↓開口說「謝謝」

我的主管一有機會就會提醒我：「覺得感謝的時候，不要說『不好意思』，而是要說『謝謝』。」

但我還是一不小心就說出「不好意思」。

「不好意思」是一個很方便的詞。不僅可用於道歉，當要呼叫他人、請他人幫忙時也可以以此來開頭。有時還能用來表示謝意，意思等同於「真是幫大忙了」。然而，正因為如此，這個詞很容易會遭到他人的誤會。尤其是不懂中文的外國人，可能會覺得「為什麼台灣人連開心的時候也要道歉呢？」。

而本案例的主管之所以將「不好意思」視為不好的習慣，或許是基於另一個原因。**把「不好意思」掛在嘴邊的人，往往會給對方「自我評價很低」的印象**。不自覺的謙遜態度，會讓人覺得這個人很沒自信。對從事業務工作的人來說，這是個很致命的缺點。

如果不想讓對方產生這樣的誤會，最好的方法就是依照主管的建議，以「謝謝」代替「不好意思」。只要做到這一點，就能一口氣將負面印象轉變為正面印象。

不僅如此，「謝謝」這個詞還有著特別的力量，具有讓說話者和接收者都感到幸福的力量。因為**透過說「謝謝」來表示感謝之意，能促進大腦分泌擁抱荷爾蒙——催產素**。

目前已經知道的催產素效用有以下幾點：

- 調整自律神經
- 提高免疫力
- 降低血壓
- 緩解壓力
- 消除大腦的疲勞感

正因為如此，催產素才會被稱為「擁抱荷爾蒙」。

此外，催產素不僅有助於調節「心理」，與記憶力也有很密切的關係。根據腦科學家中野信子的說法，經由動物實驗得知，在催產素分泌活躍的狀態下，會提高「記住新事物的能力」。也就是說，**說句「謝謝」有助於提高日常的工作表現和學習效率**。

而且「謝謝」這個詞彙還能撫慰聽者的內心，並提高對方的免疫力。

一句簡單的「謝謝」就能讓彼此感到幸福，還有助於改善人際關係。藏著這句咒語不說就太可惜了，趕緊試試看吧！

1秒轉換情緒的——**51個心理學技巧**

出　　版／楓葉社文化事業有限公司
地　　址／新北市板橋區信義路163巷3號10樓
郵政劃撥／19907596 楓書坊文化出版社
網　　址／www.maplebook.com.tw
電　　話／02-2957-6096
傳　　真／02-2957-6435
作　　者／清田予紀
翻　　譯／劉姍珊
責任編輯／王綺、陳鴻銘
內文排版／謝政龍
港澳經銷／泛華發行代理有限公司
定　　價／350元
初版日期／2023年5月

國家圖書館出版品預行編目資料

1秒轉換情緒的：51個心理學技巧 / 清田予紀作；劉姍珊譯. -- 初版. -- 新北市：楓葉社文化事業有限公司, 2023.05　面；　公分

ISBN 978-986-370-537-6（平裝）

1. 應用心理學 2.情緒管理 3. 生活指導

177　　112004056